SONNETS
FRANC-COMTO·IS
INÉDITS

ÉCRITS AU COMMENCEMENT DU XVIIe SIÈCLE

ET PUBLIÉS POUR LA PREMIÈRE FOIS

D'APRÈS LE MANUSCRIT ORIGINAL·

AVEC UNE

INTRODUCTION HISTORIQUE

ET DES NOTES

*Deux blasons en couleurs, un fac-similé héliographique
de l'écriture du manuscrit*

ET LA DESCRIPTION DES GRAVURES INÉDITES

DE PIERRE DE LOYSI

Graveur franc-comtois

PAR

THÉODORE COURTAUX

———— ⚬✳⚬ ————

PARIS

CABINET DE *L'HISTORIOGRAPHE*

(RECUEIL DE NOTICES HISTORIQUES)

Rue d'Amsterdam, 52

—

M DCCC XCII

SONNETS
FRANC-COMTOIS

TIRAGE

3oo exemplaires, dont 5o sur papier vergé
de Hollande.

SONNETS
FRANC-COMTOIS
INÉDITS

ÉCRITS AU COMMENCEMENT DU XVIIe SIÈCLE

ET PUBLIÉS POUR LA PREMIÈRE FOIS

D'APRÈS LE MANUSCRIT ORIGINAL

AVEC UNE

INTRODUCTION HISTORIQUE

ET DES NOTES

Deux blasons en couleurs, un fac-similé héliographique
de l'écriture du manuscrit

ET LA DESCRIPTION DES GRAVURES INÉDITES

DE PIERRE DE LOYSI

Graveur franc-comtois

PAR

THÉODORE COURTAUX

———— ❉ ————

PARIS

CABINET DE *L'HISTORIOGRAPHE*

(RECUEIL DE NOTICES HISTORIQUES)

Rue d'Amsterdam, 52

—

M DCCC XCII

*A la ville de Besançon je dédie ce livre, qui contient
un chapitre de son histoire, et, selon toute probabilité,
des vers inédits d'un de ses poètes.*

T. C.

Paris, 4 avril 1892.

N. B. — Les nombres romains placés dans le texte de l'*Introduction* renvoient aux *Preuves et Notes*, pages 21-41.

INTRODUCTION

I

L existe à la Bibliothèque de Besançon un recueil d'estampes qui a été décrit de la façon suivante par M. Auguste Castan, bibliothécaire actuel de la ville de Besançon, dans le *Catalogue des livres imprimés de la Bibliothèque de Besançon, Sciences et Arts*, tome Ier, 1875, in-4°, page 242 :

« Emblèmes gravés par Pierre de Loisy, à Besançon, vers 1615, petit in-folio.

« Epreuves des planches d'un recueil, non publié, qui devait se composer de gravures au burin, formant têtes de page, avec un texte au-dessous de chacune d'elles. Cette série s'ouvre par le portrait de Clériadus de Vergy, comte de Champlitte, gouverneur de la Franche-Comté. Plusieurs des gravures montrent les armes de ce seigneur, ainsi que celles de Made-

leine de Bauffremont, sa femme. La gravure qui suit
est numérotée 1, et la dernière est chiffrée 105.
Notre exemplaire manque des numéros 10, 13, 15,
16, 21, 25, 29, 55, 56, 63, 64, 73, 76, 82, 85. 86,
89, 94, 102 et 104. Trois seulement des planches
portent la signature complète du graveur : « *Petrus de
Loysi fecit.* »

« J'ai indiqué comme date de ce recueil, m'écrivait
M. Auguste Castan, les environs de l'année 1615. Je
dirais aujourd'hui qu'il a été commencé vers 1612 et
terminé vers 1615 : en effet, les insignes de la Toison
d'or n'accompagnent pas l'écusson aux armes de
Vergy, qui se voit tant sur le portrait initial que sur
les planches chiffrées 1 et 35, tandis que ces insignes
apparaissent au bas du blason de la planche 99. Or,
Clériadus de Vergy fut reçu chevalier de la Toison
d'or le 3 août 1615. Donc les planches de notre recueil où ne figurent pas les insignes de cet ordre sont
antérieures à 1615, tandis que les dernières du recueil semblent appartenir à cette année.
   « Ainsi daté, le recueil ne saurait être compris dans
l'œuvre de Pierre de Loisy, dit *le jeune,* vu que cet
artiste faisait encore son tour d'Italie en 1654. J'ai
d'ailleurs trouvé un *criterium* pour distinguer les pro-
ductions des deux Pierre de Loisy : *le vieux* écrit toujours *Loysi* son nom de famille, et *le jeune* signe
invariablement *Loisy.* Vous avez la première commu-
nication de cette remarque, à laquelle je ne songeais

pas encore quand j'ai édité le volume de notre *Catalogue : Sciences et Arts*.[1]

« Le format du papier des *Emblèmes* est de 285 millimètres sur 190. Le portrait de Clériadus de Vergy, avec le quatrain qui en est le soubassement, a pour justification 164 millimètres sur 110. Les figures d'emblèmes sont des têtes de pages : elles mesurent moyennement 90 millimètres de haut sur 110 de large ; la place réservée sans doute à un texte est demeurée blanche.

« En dehors des trois planches qui portent la signature complète du graveur, j'en remarque deux (la 47e et la 92e) qui sont signées du monogramme P. D. L. : Pierre de Loysi.

« Un gribouillage commis sur la partie blanche de la page qui porte l'emblème n° 1 indique que l'exemplaire avait été acheté en 1625.

« Veuillez agréer, Monsieur, avec l'expression de mon sincère désir d'avoir réussi à vous être utile, l'assurance de ma considération la plus distinguée.

« *Le Conservateur de la Bibliothèque de Besançon,*
Correspondant de l'Institut,

A. CASTAN. »

Besançon, le 6 juin 1883.

---

1. C'est donc par erreur que M. Charles Weiss a dit dans la *Biographie Universelle* de Michaud : « On a de cet artiste

L'exemplaire des *Emblèmes* de Pierre de Loysi que je possède, et qui provient de la vente, après décès, de la bibliothèque du général de Valdan, à l'Isle-Adam, en mai 1883, l'exemplaire est complet [1], c'est-à-dire que les estampes y sont accompagnées d'un texte en vers manuscrits et *peut-être* autographes. Ce texte qui, par mes soins, se trouve publié pour la première fois, est, selon toute probabilité, du poète franc-comtois Jean-Baptiste Chassignet.

Cette opinion repose sur un examen approfondi des œuvres publiées de Jean-Baptiste Chassignet et sur la comparaison de ses œuvres avec ces sonnets. Voyez

---

(Pierre de Loisy, dit *le jeune*) un *Livre d'Emblèmes, in-4°.* »

L'exemplaire décrit par M. Charles Weiss est celui de la Bibliothèque de Besançon.

1. Description de mon exemplaire : il se composait primitivement de 89, ou plutôt de 90 pages, en y comprenant le portrait initial de Clériadus de Vergy. Ce portrait manque ; les pages 84 et 86 manquent aussi complètement, le texte des pages 33 et 76 a été déchiré. Total : 87 estampes, dont 2 sans texte. Chaque estampe est accompagnée en chef (pour se servir de la langue du blason) d'une courte épigraphe latine, que j'ai cru devoir traduire en français pour les personnes qui ignorent le latin, — et en pointe de 16 vers (2 vers de huit syllabes, lesquels sont la traduction ou la paraphrase de l'épigraphe latine, plus un sonnet [14 vers] explicatif de l'estampe). Reliure ancienne en veau. Pas de titre : rien que le mot *Emblèmes*, en lettres d'or, sur le dos de la reliure. Dimensions des estampes : celles de l'exemplaire de Besançon. Format du papier : H. 0,24 c. ; L. 0,16 c. L'écriture du texte avec ses *u* pour des *v*, ses *i* pour des *j*, et son absence presque complète d'accentuation et de ponctuation, est celle d'une personne née dans le XVIe siècle. La pagination du graveur a été changée à la plume.

surtout, comme je l'ai fait, le *Mespris de la vie* et *Consolation contre la mort*. Beaucoup d'idées exprimées dans l'œuvre inédite que je mets au jour se retrouvent dans ce premier recueil de vers publié à Besançon, en 1594, par Jean-Baptiste Chassignet. Le style est aussi le même.

Comme on peut en juger, tous ces sonnets sont intéressants au point de vue de la langue, et quelques-uns d'entre eux contiennent des vers d'une beauté surprenante. Je me plais par suite à espérer que cette publication, qui m'a pris beaucoup de temps et donné beaucoup de peine (car il m'a fallu tout reconstruire et tout expliquer) ajoutera une pierre nouvelle au grand édifice littéraire de la France.

II

Lorsque ce recueil d'emblèmes a été composé à Besançon, dans le premier quart du XVIIe siècle, la Franche-Comté ou comté de Bourgogne[1] (*Liber Comitatus*) avait pour souveraine Isabelle-Claire-Eugénie, fille de Philippe II, roi d'Espagne (I, p. 21), et pour gouverneur « messire Cleriadus de Vergy, comte de

---

1. Que je ne peux pas confondre avec le duché de Bourgogne, dont la capitale était Dijon.

Champlite [1], chevalier de l'ordre de la Toison d'or, du Conseil d'Estat du Roy catholique [2], lieutenant, gouverneur et capitaine general en son pays et comté de Bourgongne, baron et seigneur de Vaudrey, Arc, Morey, Mantoche, Leeffons, La Rochelle, etc.

« Ce seigneur, fils de François de Vergy (II, p. 23), comte de Champlite, et de Renée de Ray, dame de Vaudrey, sa seconde femme, commença dés l'age de seize ans, à porter les armes pendant les guerres du pays de Bourgongne, où il leva un regiment pour la defense d'iceluy l'an mil cinq cents quatre-vingt-quinze [3]. Il fut aussi capitaine d'une compagnie de chevaux legers dressée à ses propres frais, laquelle servit deux ans fort honorablement et utilement dedans les Pays-Bas. Et depuis il espousa dame Magdelene de Bauffremont (III, p. 24), fille de feu Claude de Bauffremont, chevalier de l'ordre du Roy tres-chrestien, seigneur et baron de Senecey, capitaine de cinquante hommes d'armes de ses ordonnances, conseiller

---

1. Champlitte, chef-lieu de canton de la Haute-Saône, arrondissement de Gray.

La seigneurie de Champlitte fut érigée en comté, par lettres patentes de Philippe II du 5 septembre 1574, en faveur de François de Vergy. Après la mort de Clériadus de Vergy (1630), Champlitte appartint successivement, jusqu'à la Révolution, aux maisons de Cusance, de Clermont-d'Amboise et de Toulongeon.

Pour plus de détails, voir la belle *Histoire de la seigneurie et de la ville de Champlitte*, par l'abbé Brifaut. Langres, in-8, 1869.

2. Philippe III, roi d'Espagne.

3. Il était donc né vers 1579.

en ses Conseils d'Estat et privé, capitaine et gouverneur des ville et chasteau d'Aussonne, capitaine de la ville et cité de Chalon [1], bailly et maistre des foires dudit lieu, lieutenant general pour Sa Majesté [2] au gouvernement de la duché de Bourgongne, — et de Marie de Brichanteau, sa femme, par contract passé au chasteau d'Aussonne, le quinziesme jour du mois de fevrier l'an mil six cents.

« Aprés la mort de Claude de Vergy, son frere aisné, non seulement il luy succeda en la comté de Champlite et autres seigneuries, mais aussi les serenissimes archiducs Albert et Isabel-Clara-Eugenia, infante d'Espagne, estant asseurez de sa vertu, suffisance et experience, le commirent et instituerent en l'estat et charge de lieutenant-general et gouverneur de leurs pays et comtez de Bourgongne et de Charolois, et en la capitainerie de la cité de Bezançon, par lettres expediées à Bruxelles le sixiesme jour d'aoust l'an mil six cents deux. Lesquels pays il a maintenus jusques à present en leur obeyssance avec tant de vigilance et de fidelité que Leurs Altesses luy ont tesmoigné plusieurs fois en avoir du contentement. Il fut pareillement conservé en la jouyssance de trois cents livres de rente que ses predecesseurs avoient sur la resve [3] de Mascon, et assigné sur la ferme gene-

---

1. Chalon-sur-Saône.
2. Henri IV.
3. Douane.

rale des douanes de Lyon, traites et impositions fo-
raines de Picardie, Champaigne et Bourgongne,
par arrest du Conseil d'Estat du Roy tres-chrestien
Henry IV, rendu le dix-huitiesme jour de decembre
mille six cents huit. En suite de quoy, Philippe III,
roy d'Espagne, l'ayant honoré de l'ordre de la Toison
d'or, il alla trouver l'archiduc Albert à Bruxelles,
accompagné d'une tres-belle suite, pour en recevoir
le collier de sa main, ce qui fut executé le troisiesme
jour d'aoust l'an mil six cents quinze, en presence de
toute la Cour, laquelle il festoya magnifiquement.
Puis sur son depart pour retourner en son gouvernement de Bourgongne, où la necessité publique le rap-
peloit, Leurs Altesses comblerent d'un honneur nouveau toutes les bonnes cheres[1] qu'elles luy avoient
faites, le retenants, commettants et establissants conseiller de leur Conseil d'Estat par lettres datées du
sixiesme jour d'octobre, afin que doresnavant il peust
les servir en iceluy, et avec leurs autres conseillers
d'Estat se trouver, vacquer et entendre à la proposi-
tion, consultation et deliberation des matieres et
affaires qu'ils y traiteroient, concernant l'estat, conduite et gouvernement, paix, seureté et defense de
leurs pays.

« Il a le courage, le sens et l'esprit forts et vifs,
avec une grande experience en sa charge et une par-
faite probité, et se peut comparer en grandeur, qua-

---

1. Amabilités.

litez, proüesses, foy et magnanimité à qui que ce soit
de ses predecesseurs (IV, p. 25). Ne manquant au
comble de sa felicité que le don d'une genereuse
lignée, laquelle toute la province luy souhaitte avec
des desirs aussi ardents, comme elle s'est veuë longuement et heureusement gouvernée soubs la conduite
de cette illustre maison [1]. » (*Histoire de la Maison de
Vergy,* par André du Chesne, livre VII, chapitre vi [2].)

Le bel éloge que Voltaire, dans son *Essai sur les
mœurs et l'esprit des nations,* a fait de saint Louis,
peut être appliqué, avec quelques modifications, à
Clériadus de Vergy : « Une sage économie ne déroba
rien à sa libéralité. Il sut accorder une politique
(habile) avec une justice exacte. (Il fut) prudent et
ferme dans le conseil, intrépide dans les combats sans
être emporté, compatissant comme s'il n'avait jamais
été que malheureux. Il n'est pas donné à l'homme de
porter plus loin la vertu. »

Pendant vingt-huit ans, de 1602 à 1630 (VI, p. 34),
la Franche-Comté, « sous ce seigneur plein d'honneur et de vertus [3] », jouit d'une paix profonde et
de tous les bienfaits d'une habile administration [4] :

---

1. La maison de Vergy a donné six chevaliers de la Toison
d'or, — et une longue série de gouverneurs à la Franche-Comté.
2. Voir la note V, page 30, à la suite de cette introduction.
3. *Mémoires pour servir à l'histoire du comté de Bourgogne,*
par Dunod de Charnage, page 356. Besançon, 1740, in-4.
4. Les « *Serenissimes Archiducs* » résidaient à Bruxelles, se
reposant sur Clériadus de Vergy du soin de gouverner le comté
de Bourgogne.

les villes se repeuplèrent et éteignirent leurs dettes [1],
le paysan reprit ses travaux, l'architecture fut en honneur; sous la double influence de la France et des
Pays-Bas, les belles-lettres et les arts eux-mêmes je-
tèrent quelque éclat; il y eut à Besançon un graveur
habile : Pierre de Loysi, et à Gray un vrai poète :
Jean-Baptiste Chassignet.

Pierre de Loysi, dit *le vieux*, florissait à Besançon au
commencement du XVIIe siècle. On ignore les dates
de sa naissance et de sa mort. On a lieu de supposer
qu'il était orfèvre. A ma connaissance, il a gravé :
1°, en 1614, l'Arc de Triomphe, ou *Porte-Noire*, dans
la belle histoire, en latin, de Besançon de Jean-Jacques Chifflet [2]; 2° les portraits de plusieurs hauts
personnages de son temps, entre autres celui du comte
Bonaventure de Buquoy, conseiller de Philippe III,
roi d'Espagne, et commandant en chef de ses armées
(1620); 3° le portrait de Nicolas Gougenot, poète
dijonnais; 4° ce recueil d'emblèmes; 5° quelques pe-
tites pièces religieuses dans le goût des Wierix, signées du monagramme P. D. L.

Il existe à la section des Estampes de la Bibliothèque Nationale deux exemplaires du portrait de
Gougenot, que nous venons de mentionner. Dimen-

---

1. *Histoire de la ville de Gray,* par l'abbé Gatin et l'abbé
Besson, pages 129 et 130, 151 et 152. Besançon, 1851,
in-8.

2. *Vesontio civitas imperialis libera Sequanorum metropolis.*
Lyon, 1618, in-4°.

sions exactes : hauteur, 155 millimètres; largeur :
163 millimètres. *C. Cardeur pictor, P. de Loysi
sculp.* Gougenot est représenté dans un médaillon
ovale, accosté, à droite et à gauche, de deux femmes
personnifiant, l'une Minerve, l'autre la Nature, et
qui étendent une palme et une branche de laurier sur
la tête du poète. On lit dans la bordure du médaillon :
Nicolas Gougenot, escrivain dijonnois, et en pointe
sont placés deux amours, l'un mesurant le monde,
l'autre écrivant.

Au sommet de l'estampe, les deux monogrammes
entrelacés de Nicolas Gougenot et de Pierre de
Loysi, et, en pointe, le quatrain suivant, signé I. ou
J. R. (Jean Rotrou ou de Rayssiguier, poètes dramatiques et comiques, contemporains de Gougenot?) :

> De Loysi, crayonnant, de son docte pinceau,
> Du fameux Gougenot l'image et l'escriture,
> S'estonnoit de poursuivre un si rare tableau
> S'il n'eust veu prés de luy Minerve et la Nature.

Faut-il conclure de ces vers mystérieux, ainsi que
de ces deux monogrammes entrelacés, que Gougenot
a été le collaborateur de Pierre de Loysi, en d'autres
termes qu'il est, avec Chassignet, l'un des auteurs du
manuscrit que je publie ? Je serais porté à le penser,
à moins que P. de Loysi n'ait voulu simplement nous
donner dans ces vers gravés en caractères de l'époque
un spécimen de l'écriture de Gougenot. On peut supposer, d'un autre côté, que le texte de ces sonnets

était destiné à être gravé comme les estampes[1]. De
plus il était d'usage aux XVIe et XVIIe siècles de
placer dans les recueils d'emblèmes les portraits des
auteurs, et, me dira-t-on, ce portrait de Gougenot
était destiné au livre d'emblèmes que vous publiez.
A cela je répondrai que la largeur du portrait en
question excède de 53 millimètres celle du portrait de
Clériadus de Vergy, dont je donne plus loin la description, et qui se trouve dans l'exemplaire de Besançon. On peut en conclure que le portrait de Gougenot est par trop grand pour figurer avec les Emblèmes
de Pierre de Loysi. Quoi qu'il en soit, j'aurais de la
peine à admettre que Gougenot, poète essentiellement frivole et comique, fût l'unique ou le principal
auteur de ces sonnets. Peut-on lui en attribuer la
partie galante? Peut-être. M. Guignard, conservateur de la Bibliothèque de Dijon, n'a pu me communiquer aucun renseignement sur Gougenot. On sait
seulement que ce poète était de Dijon et qu'il naquit
à la fin du XVIe siècle. Il a publié :

1° *La Comedie des Comediens, tragi-comedie, par le
sieur Gougenot. A Paris, chez Pierre David, au Palais, sur le petit perron de la grand'salle, du costé des
consultations,* 1633. In-8° de VIII-194 pages, plus
l'extrait du privilège.

---

1. Cette opinion est très-admissible, le quatrain qui accompagne le portrait de Clériadus de Vergy, dans l'exemplaire de
Besançon, étant gravé au burin.

Cette pièce a été reproduite de nos jours par Édouard Fournier, dans son *Théâtre Français aux XVIᵉ et XVIIᵉ siècles*. Paris, 1871, gr. in-8°, et 1874, 2 vol. in-12. « Elle présente, dit la Biographie Didot, une singularité dont il n'existe guère d'autres exemples : ses deux premiers actes sont en prose et les trois derniers en vers ; elle est d'ailleurs curieuse à cause des détails qu'elle donne sur l'intérieur des coulisses dans les théâtres de Paris à cette époque. Les artistes dramatiques de l'Hôtel de Bourgogne, mis en scène sous leurs noms de théâtre (Bellerose, Turlupin, Beauchasteau, etc.), se disputent les rôles d'une pièce nouvelle qu'ils finissent par représenter, et qu'on pourrait intituler *la Courtisane vertueuse*. »

2° *La Fidelle Tromperie, par le sieur Gougenot, Dijonnois. A Paris, chez Anthoine de Sommaville, dans la petite salle du Palais, à l'Escu de France,* 1633. Petit in-8° de vi-158 p. L'édition de 1634, qui est la même que celle de 1633, contient en plus une dédicace à monsieur Jean Bernard, comte et noble seigneur de Lippe.

Le sujet de cette pièce est le même que celui que Rotrou a traité, en 1635, dans son *Agésilan de Colchos* ; il est tiré d'*Amadis de Gaule*, célèbre roman en prose du XIVᵉ siècle, écrit moitié en espagnol, moitié en français, par divers auteurs. Gougenot y a ajouté quelques épisodes de sièges et de batailles. (Note de M. de Paulmy, fondateur de la Bi-

bliothèque de l'Arsenal, écrite sur l'exemplaire que
possède cette Bibliothèque.)

3° *Le Romant de l'infidelle Lucrine, par N. G. G. D.*
(Nicolas Gougenot, gentilhomme dijonnois). *A Paris,
chez Matthieu Colombel, ruë Neufve-Saincte-Anne, prés
le Palais, à la Colombe, 1634, avec privilege du Roy.*
In-8° de 664 p.

C'est un roman en VI livres, en prose, avec quelques pièces de vers, sans gravures. (Renseignement
communiqué par M. Guignard, conservateur de la
Bibliothèque de Dijon.)

Le premier de ces trois ouvrages se trouve à la Bibliothèque Nationale sous la cote Y^th 3703 ; le
premier et le second à la Bibliothèque de l'Arsenal
(deux exemplaires) soüs la cote B. L. 10921 et
10921 ^a, et à la Bibliothèque de M. Henri Joliet, de
Dijon ; le troisième à la Bibliothèque de la ville de
Dijon.

Didier Gougenot, conseiller secrétaire de Mgr le
prince (de Bourbon), fit enregistrer ses armoiries de la
façon suivante dans l'*Armorial général de France*,
dressé en vertu de l'édit royal de novembre 1696,
par Charles-René d'Hozier, juge d'armes de France
et garde dudit Armorial, reg. de Paris, vol. II,
p. 1171, bureau de la rue de Tournon : *d'azur, à un
chevron d'or, accompagné en chef de deux étoiles et en
pointe d'un cœur enflammé de même.*

Le 16 janvier 1716, Georges Gougenot était curateur de Louis-Henry, duc de Bourbon, prince du sang, pair et grand maître de France, gouverneur et lieutenant général pour le roi en ses provinces de Bourgogne et de Bresse. (Bibl. Nat., Cabinet des titres, vol. relié 554, fos 231 et 236.)

Jean-Baptiste Chassignet, né à Besançon vers 1578, était fils de Jacques Chassignet, docteur en médecine [1]. Il fit ses études sous Antoine Huet, principal du collège de Besançon, homme de mérite et professeur habile, qui lui inspira une piété profonde, avec le goût des belles-lettres et de la poésie [2]. Il se fit recevoir docteur en droit et obtint la charge d'avocat fiscal au bailliage de Gray [3]. En 1600 et 1602, la ville de Gray le chargea de négociations en Flandre.

---

1. Jean-Baptiste Chassignet avait un frère, Jacques-Antoine, vivant en 1594. Leur père ne vivait plus à cette date. Voyez dans *Le Mespris de la Vie et Consolation contre la Mort*, page 129, l'*Ode sur la fragilité de la vie humaine, aux ombres de Jacques Chassignet, medecin, pere de l'autheur*. Voyez aussi dans le même ouvrage, page 24, le sonnet que *Jacques-Antoine Chassignet, frere de l'autheur,* adresse à celui-ci.

Claude Chassignet était co-gouverneur de Besançon en 1606 ; Daniel Chassignet, *item* en 1635 et 1637.

2.   Huet, auquel je dois tout cela que la Muse
        De sçavoir et d'honneur en mon ame a infuse.
                (*Le Mespris de la Vie,* p. 351.)

3. Sous le règne de Charles-Quint, Gray fut l'objet de plusieurs faveurs importantes : le puissant empereur y créa notamment un bailliage composé de quatre-vingt-quatre communes, y compris les quatre bourgs de Champlitte, Gy, Pesmes et Marnay. (Louis Suchaux, *Dictionnaire de la Haute-Saône,* tome Ier, page 327. Vesoul, 2 vol. in-8°, 1866.)

3

En 1615, le conseil de cette ville le pria de se rendre de nouveau en Flandre, mais il prétexta la gestion des forges de Filain pour refuser. Le véritable motif de ce refus était plutôt la parcimonie avec laquelle le conseil de Gray lui marchandait les frais de voyage. Les registres des délibérations du conseil de Gray contiennent des détails sur ces négociations en Flandre pour les intérêts de cette ville. (Note communiquée par M. G. Jourdy, bibliothécaire de la ville de Gray.)

J.-B. Chassignet mourut vers 1635[1]. Il a publié :

1º *Le Mespris de la vie et Consolation contre la mort, par Jean-Baptiste Chassignet, Besançonnois, docteur aux droits. A Besançon, par Nicolas de Moingesse,* 1594. In-8º. (Bibl. Nat., Réserve, Y 4778 B.)

C'est un recueil d'odes, de discours en vers et de sonnets, composé par l'auteur dans sa première jeunesse, et qui est loin de valoir les sonnets que je publie.

2º *Paraphrases sur les douze petits prophetes du Vieil-Testament, mis en vers françois (et dédiés) à Leurs Altesses Serenissimes Albert et Isabelle, archiducs d'Austriche, par J.-B. Chassignet, docteur és droicts.*

---

1. J'emprunte ces détails biographiques à l'*Histoire abrégée du comté de Bourgogne* (par dom Grappin), page 303, Besançon, in-8º, 1780, et à l'*Essai historique sur quelques gens de lettres nés dans le comté de Bourgogne* (par Girod-Novillars), Besançon. in-8º. 1806.

Besançon, par Nicolas de Moingesse. In-8°, 1601 [1].
(Bibl. Nat., Réserve, Y 4796 H).

3° *Les Paraphrases sur les cent cinquante pseaumes de David, mis en vers françois par Jean-Baptiste Chassignet, docteur és droicts, et advocat fiscal au siege et ressort de Grey. Dediées aux Serenissimes Archiducs d'Austriche, Albert et Isabelle, fils et frere d'Empereur [2], fille et sœur de Roy [3], Princes souverains des Pays-Bas, Ducs et Comtes de Bourgongne. A Lyon, par Claude Morillon, imprimeur de Madame la Duchesse de Montpensier. 2 vol. in-12, 1613 [4].*

Il a traduit du latin en français l'*Histoire de Besançon* de Jean-Jacques Chifflet. Cette traduction, qui n'a jamais été publiée, et dont on conserve le manuscrit, porte la date de 1619 [5].

---

1. La première édition de cet ouvrage est de 1600. *Besançon, Chouet*, in-8°.
2. Fils de Maximilien II et frère de Rodolphe II et de Mathias, empereurs d'Allemagne.
3. Fille de Philippe II et sœur de Philippe III, roi d'Espagne.
4. Se trouve à la Réserve de la Bibliothèque Sainte-Geneviève sous la cote Y 1191.
5. M. Charles Weiss, dans la *Biographie Universelle*, à l'article qu'il a consacré à Jean-Baptiste Chassignet, parle du manuscrit de cette traduction, mais sans dire où il se trouve.
Gérard (de Nerval) a publié un *Choix de poésies de Ronsard, Dubellay, Baïf, Belleau, Dubartas, Chassignet, Desportes, Régnier,* précédé d'une introduction; Paris, in-18, 1830. Bibliothèque Nationale, Z 173, s. d. 15. Dans ce volume se trouvent quatre odes sacrées et deux sonnets de Jean-Baptiste Chassignet.

Il fut enfin le collaborateur de Pierre de Loysi pour ce Recueil d'Emblèmes, resté jusqu'à présent inédit [1].

---

1. Ce Recueil ne figure dans *aucun* catalogue imprimé ou manuscrit. Il n'a pas été décrit par le baron de Heineken dans l'ouvrage suivant : *Livres d'architecture, de sculpture, d'antiquités, sur les cérémonies publiques et livres d'emblèmes.* 1 vol. manuscrit in-fol. Bibliothèque de Dresde. Le baron de Heineken, dans ce manuscrit, cite une centaine de livres d'emblèmes, mais aucun par Pierre de Loysi.

Ce Recueil est donc inédit.

Le seul exemplaire (incomplet) connu et décrit jusqu'à présent est celui de Besançon.

Il fut enfin le collaborateur de Pierre de Loya

pouvait Bacaud à En danços, dans quent présents

inédits.

PREUVES ET NOTES

I

(Voir page 7.)

EN 1593, Philippe II, roi d'Espagne, avait tenté de faire proclamer reine de France, par les États-Généraux réunis à Paris, sa fille Isabelle-Claire-Eugénie, qu'il avait eue, en 1566, d'Élisabeth de France, fille de Henri II. Cette tentative ayant échoué, grâce à la loi salique et au patriotisme des États-Généraux, Philippe II maria sa fille avec son neveu, le cardinal Albert, archiduc d'Autriche, qui dut pour cela renoncer à la pourpre romaine, et lui donna pour dot les Pays-Bas et la Franche-Comté, comme fiefs réversibles à la couronne d'Espagne à défaut de postérité (1598).

« *C'estoit*, dit Brantôme, *une princesse de gentil esprit, qui faisoit toutes les affaires du roi son pere et y estoit fort rompue.* »

Le 3 janvier 1596, l'archiduc Albert, alors lieutenant des Pays-Bas pour le roi d'Espagne, était entré solennellement à Besançon, par la porte Notre-Dame, accompagné du prince d'Orange [1] et d'une armée de 15,000 hommes tant à pied qu'à cheval. Chaque citoyen de Besançon dut loger un certain nombre d'hommes jusqu'au 6 janvier, jour auquel l'archiduc Albert, qui avait occupé le palais Granvelle, avec sa suite, quitta Besançon. (Bibl. Nat., Fonds français 14,422.)

L'archiduc Albert mourut en 1621, et la fille de Philippe II, sans cesser pour cela de gouverner les Pays-Bas et la Franche-Comté [2], prit le voile de carmélite ; c'est dans ce costume qu'elle a été peinte par Van Dyck (Musée du Louvre). Elle mourut en 1633.

---

1. Philippe-Guillaume, frère aîné de Maurice de Nassau. Philippe II, en 1596, avait rendu la liberté à ce prince dans l'espoir de pouvoir l'opposer à son frère, mais les États de Hollande interdirent à Philippe-Guillaume l'entrée de son pays.

2. La Franche-Comté, conquise par Louis XIV en 1674, devint française par le traité de Nimègue (1678).

II

(Voir page 8.)

François de Vergy, d'abord gentilhomme de bouche de Philippe II, roi d'Espagne, puis gouverneur du comté de Bourgogne et chevalier de la Toison d'or, mourut le 5 décembre 1591. Il avait épousé :

1° En 1555, sa cousine *Claudine* de Pontailler, fille de Henri de Pontailler et d'Antoinette de Vergy. De ce mariage vinrent : *a) Claude*, baron d'Autrey, puis, à la mort de son père, comte de Champlitte, et par lettres patentes données à Madrid, le 14 janvier 1592, gouverneur du comté de Bourgogne ; *b) Fernand*, seigneur de Flagey, mort sans postérité en 1594 ; *c) Anne*, mariée : 1° à Philibert de Montmartin, chevalier, baron dudit lieu ; 2° à Jean-Louis de Pontailler, chevalier, seigneur de Talmay ; *d) Béatrix*, qui épousa Vandelin-Simon de Cusance, baron de Belvoir et de Saint-Julien.

2° En 1577, *Renée* de Ray, dame de Vaudrey, dont il eut : *a) Clériadus* de Vergy, gouverneur du comté de Bourgogne, de 1602 à 1630 ; *b) Alexandrine*, morte à Dôle en 1592, sans avoir été mariée.

III

(Voir page 8.)

La maison de Bauffremont est très-ancienne; elle a pris son nom d'un château fort dont on voit encore les ruines dans le département des Vosges, arrondissement de Neufchâteau. « Elle s'illustra, dès le XIIe siècle, par ses alliahces avec les maisons souveraines de France, de Lorraine, de Bourgogne et de Savoie; par son admission dans les ordres de la Toison d'or, du Saint-Esprit, de Saint-Michel, d'Alcantara, de Rhodes, de Malte et de Saint-Georges; par les dignités qu'elle occupa à la cour des rois de France et à celle des ducs de Bourgogne; enfin par les prélats et les hommes de guerre distingués qu'elle donna à l'Église et aux armées. » (Louis Suchaux, *Galerie héraldo-nobiliaire de la Franche-Comté*.)

La maison de Bauffremont est encore très-vivante et nombreuse.

IV

(Voir page 11.)

Aux Manuscrits de la Bibliothèque Nationale se trouvent un certain nombre de lettres de Clériadus de Vergy qui donnent une idée exacte des hautes qualités qu'il sut appliquer au gouvernement de la Franche-Comté. Parmi ces lettres, je me bornerai à transcrire la suivante, adressée à l'archiduc Albert et relative à la ville de Dôle.

Monseigneur,

Ceux des villes de ce pays s'estans, ces jours passez, assemblez à Dole (dont ilz m'ont adverty) pour entendre la negotiation du docteur de Sainct-Mauris qu'ilz avoient delegué vers Vostre Altesse Serenissime, tant pour obtenir une concession absolue de se pouvoir assembler desormais à quantesfois qu'ilz vouldront que pour le faict des esleuz [1]; l'ayans ouy et veu la declaration de Vostre Altesse Serenissime sur ces deux chefz, ilz m'ont envoyé deux des leurs pour me signifier le tout, et l'ayant depuis meurement pesé et recongneu que l'ouctroy que Vostre Altesse Serenissime leur faict de s'assembler (en advertissant le Gouverneur et la Cour de Parlement du lieu,

---

1. Les élus de Dôle comprenaient le vicomte, le mayeur, les échevins et le consul.

temps et suject de leur future assemblée) [1] *est prejudiciable à son service, pour beaucoup d'importantes raisons, j'ay jugé estre de mon devoir de luy en representer quelqu'unes, entre aultres que c'est un privilege que ceulx du Tier(s) Estat auront par dessus ceux de l'eglise et de la noblesse, ce que pourra les occasionner aussi d'importuner V. A. S. de mesme gratiffication, puisqu'ilz ne la meritent pas moings. De plus qu'il ne peult estre que de dangereuse consequence en un estat monarchicque, estant mesme inusité en celuy-cy et en tous aultres. Qu'il y a d'aultres moyens plus convenables comme de recourir au souverain, soit par des estatz generaulx ou par*

---

1. Cet *octroy* était ainsi conçu :

« Son Altesse ayant eu rapport de ceste requeste, ensemble des advis renduz sur icelle, declare qu'elle a sujet de satisfaction de la loyaulté et fidelité des suppliants et qu'elle n'a mescontentement aucun de l'assemblée faicte par les deputez des villes, dont est icy faicte mention. Ce neantmoins et pour bonnes considerations, elle n'entend qu'à l'advenir lesdictes villes s'assemblent pour traitter d'affaires publiques *sans auparavant donner advertissement au gouverneur de la province et à ceux du Parlement du temps, du lieu et du sujet de leur future assemblée.* »

En marge de cet acte se trouve la note suivante :

« Ces mots ne sont au gré du comte de Champlite, et au lieu qu'on a dit : *sans donner advertissement au gouverneur,* il veult que l'on dise : *sans la licence et permission du gouverneur.* Et ainsin, au lieu que c'est S. A. mesme qui a donné ladicte licence, il veult que ce soit luy qui aye l'authorité de la donner. » (Bibl. Nat., Fonds français 8547, f° 268. Minute originale sur papier.)

requeste, pour avoir permission de s'assembler et non laisser le pouvoir ausdictes villes de ce faire à leur volonté. Que s'il eust pleu à Vostre Altesse Serenissime declairer qu'au lieu d'advertir ilz en demanderoient licence, avec aultres restrictions, il eust esté à mon advis beaucoup mieux pour son service, auquel il semble tel appoinctement estre du tout contraire, et mancque encores de ceste clause que lesdictes villes jouyront de ceste concession jusques au bon vouloir et plaisir de Vostre Altesse Serenissime.....

Pour ce qui touche les esleuz, puisqu'il a pleu à Vostre Altesse d'en amoindrir le nombre, je n'ay que replicquer sur ce particulier pour luy avoir desja representé le soulagement que le Tier(s) Estat reçoit par le nouveau reglement qu'elle auroit estably. Bien m'advanceray-je luy dire (avec la submission que je doibtz) qu'une grande partie de la noblesse de ce pays, ayant sceu ceste derniere declaration de Vostre Altesse Serenissime sur le faict desditz esleuz (portant que les capitaines et officiers des compagnies seront choisis du Tier(s) Estat tant qu'il y en aura de capables, eu esgard qu'à eulx touchent les fraiz), m'en ont parlé et dict qu'il sembloit (que) l'on vouloit entierement preferer à eulx ceulx dudict Tier(s) Estat, m'alleguantz sur ce plusieurs raisons que je ne reprendray icy pour n'attedier [1] pas trop V. A. S.....

---

1. Ennuyer.

*Reste, Monseigneur, à suplier tres-humblement V. A.
S. me pardonner si trop franchement j'ay osé luy representer ce que dessus. Le devoir naturel que je luy ay,
mon zele et mon inviolable affection à son tres-humble
service; y joinct le desir que j'ay de veoir ceste sienne
province en bonne union et tranquilité, m'ont porté à ce
poinct, et non aucune passion ny animosité particuliere,
et ainsi supplié-je V. A. S. le croire et au Createur la
conserver, Monseigneur, en parfaicte santé et prosperité
par longues années, luy baisant par fin les mains en
toute humilité. De Gray, ce 29ᵉ may 1612.*

*De Vostre Altesse Serenissime
tres-humble et tres-obeïssant subject et serviteur,*

C. DE VERGY.

(Bibl. Nat., Fonds français 8547, fᵘ 280. Original sur
papier.)

Voici quelle fut la réponse de l'archiduc Albert :

AU COMTE DE CHAMPLITE.

Mon Cousin,

*Nous avons veu la vostre du XXIXᵉ du mois passé
traictant au long de l'octroy qu'avons accordé aux villes
de nostre comté de Bourgongne, qu'elles vous avoient
envoyé communiquer par leurs deputez, et du faict des
esleuz, et ayans consideré de prés les moyens et raisons*

que nous y avez representé pour l'un et l'aultre chef, nous avons faict despescher un acte interpretatif dudict octroy, par lequel il sera souffisamment pourveu aux inconveniens par vous remarquez, ainsi que vous verrez par l'original que vous en envoyons cy joinct. Au reste nous demeurons fort satisfaictz de recognoistre la continuation de vostre zele et affection au bien de nostre service. Et Dieu vous ait, mon cousin, en sa continuelle garde.

A Mariemont [1]*, le* XXIIe *juing* 1612.

(Bibl. Nat., *ibidem*, f⁰ 282. Copie ancienne sur papier.)

---

1. Marimont, province de Hainaut (Belgique).

V

(Voir page 11.)

En 1624, Clériadus de Vergy était âgé de 45 ans ; il n'avait pas eu d'enfants de Madeleine de Bauffremont, avec laquelle il était marié depuis 24 ans, et il avait à peu près perdu toute espérance d'un avoir. Il vit sans doute avec mélancolie que son nom allait s'éteindre avec lui, que ses archives de famille pouvaient être détruites plus tard, et il songea à faire écrire l'histoire de sa maison[1]. A qui pouvait-il confier cette tâche à la fois ardue et délicate, si ce n'est à André du Chesne, qui avait déjà publié l'Histoire des maisons de Luxembourg (1617), de Châtillon-sur-Marne et du Breil de Rays (1621), de la Rochefoucauld (1622), de Montmorency et de Laval (1624)?

Le comte de Champlitte n'était pas en relations directes avec le célèbre historiographe ; le savant historien de Besançon, Jean-Jacques Chifflet, lui servit d'intermédiaire, comme on peut en juger par la lettre suivante, écrite par ce dernier à André du Chesne, de Bruxelles, le 20 avril 1624 :

---

1. « Ce n'a pas esté aussy la moindre de ses actions d'avoir fait recueillir toutes celles de ses ancestres. » (*Oraison funèbre de Clériadus de Vergy*, par Ant. Brun.)

Monsieur,

Je n'ay point fait de response aux vostres dernieres, croyant que nous serions bientost expediez et que je la ferois de bouche ; mais, comme noz affaires se tirent en longueur, il me semble que vous ferez bien de passer au plus tost à Grey vers M^r le comte de Champlite, à l'effet que vous sçavez, affin que avant la Sainct Jean vous puissiez avoir expedié ce voyage. Je luy en escriray par le premier ordinaire qui partira la sepmaine prochaine, outre le mot cy joint que vous lui donnerez de ma part. Il ne faut pas que vous manquiez de passer à Besançon, où vous trouverez Mr de Sainte-Germaine et mon frere, et ne prenez point d'autre logis qu'en ma maison, autrement je croiray que vous ne m'aymeray pas ; on vous y traitera en amy et sans ceremonies.....

Faictes moy savoir de voz nouvelles et de la resolution que vous avez prinse, et je seray toujours, Monsieur,

Votre tres-affectionné amy et serviteur,

J.-J. CHIFFLET.

(Bibl. Nat., Coll. Clairambault, vol. 1021, p. 144, **papier** original.)

André du Chesne se rendit donc à Gray, où il demeura quelque temps, et prit copie ou analyse des documents qui lui étaient nécessaires, ainsi qu'il ré-

sulte de cette autre lettre que le comte de Champlitte lui écrivait le 23 juillet 1624 :

Monsieur,

Un peu après que vous futes party d'icy, il se trouva
des papiers dont l'on ne s'étoit pas souvenu. Je les en-
voyay à Mr de Sainte-Germaine, qui en a fait un re-
ceul qu'il vous envoye ; vous verrés son extreme travail.
J'espere de vous en envoyer bien tost des autres, ser-
vants tousjours à ce que vous me voulés obliger de dré-
ser. Je croy que j'aurey encore plus de cognoissance avec
quelque tans, mais il vous sera tousjours plus de peine
et à moy davantage d'obligation à vous temoigner que
je veux estre toute ma vie

Vostre tres-affectionné à vous faire service,

C. DE VERGY.

A Gray, 23e de juillet 1624.

Suscription : Monsieur du Chesne, à Paris.

(Lettre autographe scellée : un écu à 3 quintefeuilles, surmonté d'une couronne de comte et entouré du collier de la Toison
d'or. [Collection Clairambault, vol. 1021, p. 148.])

L'Histoire de la maison de Vergy, l'un des plus
beaux travaux d'André du Chesne, parut en 1625,
à Paris, chez Sébastien Cramoisy, aux Cigognes, en
deux superbes volumes in-folio. Le premier volume a

pour titre : *Histoire genealogique de la maison de Vergy, justifiée par chartes, tiltres, arrests et autres bonnes et certaines preuves, enrichie de plusieurs figures et divisée en dix livres, par André du Chesne*[1], *Tourangeau, geographe du Roy.* Le second volume a pour titre : *Preuves de l'Histoire de la maison de Vergy, tirées des chartes des diverses eglises et abbayes, des arrests du Parlement de Paris, et de plusieurs autres tiltres, memoires et historiens, avec les figures des plus anciens sceaux et armes dont les seigneurs de Vergy scelloient leurs lettres.*

---

1. André du Chesne mourut le 30 mai 1640, écrasé par une charrette, en allant à sa maison de campagne de Verrière. Sa mort est ainsi mentionnée dans la *Gazette de France* du 9 juin 1640, p. 390 : « Le 30ᵉ du mois passé mourut André du Chesne, célèbre historiographe du Roy, ayant laissé imparfait le *Recueil des Historiens françois,* dont il avoit promis 25 tomes et n'en a publié que cinq. »

VI

(Voir page 11.)

Clériadus de Vergy mourut en 1630 et ne laissa point d'héritiers ; en lui s'éteignit son illustre maison.

Son oraison funèbre fut prononcée, en présence de sa veuve, « en l'eglise Nostre-Dame de Dole, par Antoine Brun [1], advocat au Parlement et du Conseil de ladite ville, par ordre et commandement de messieurs du Magistrat [2], lorsqu'ils faisoient celebrer les obseques de messire Cleriadus de Vergy ». Elle a été publiée, d'après une copie du temps, par M. Bernard Prost, archiviste du Jura, dans les *Mémoires de la Société d'Émulation du Jura* (1873).

Voici quelques extraits de cette oraison funèbre :

. . . .

« Car, pour ne vous point celer aulcune circonstance de vos infortunes, et afin que d'abbord vous decouvriés à plein la face entiere de vostre malheur, sçachés que ce n'est pas seulement icy l'oraison fu-

---

1. Lettre autographe d'Antoine Brun du 15 mai 1653. (Bibl. Nat., coll. Dupuy, vol. 776, p. 38.)
2. Le *Magistrat*, en Franche-Comté, était un tribunal composé de dix conseillers, parmi lesquels le vicomte-maïeur ou maire était choisi chaque année.

nebre de tres-hault et puissant seigneur messire Cleriadus de Vergy, comte de Champlitte, mais celle
encore de toute sa tres-illustre maison. Ah! chetive
et desolée province, pauvre et miserable comté de
Bourgongne, que l'arrest de ta condemnation est bien
compris en ce peu de mots !

. . . .

« Jamais on ne vid tant de courage meslé à tant de
prudence, jamais tant de promptitude avec tant de
jugement ; jamais personne ne donna tant d'amour
et de crainte tout ensemble ; chacun le cherissoit
comme son pere, chacun le reveroit comme son
maistre ; son estre enfin estoit tout merveilleux, et les
qualités essentiellement contraires se treuvoient de
bon accord chés luy, et y formoient un aggreable temperament. De combien de façons sçavoit-il prendre
une affaire, de combien de façons la conduire, de
combien de façons la resouldre ! Il en examinoit meurement la cause, en prevoyoit sagement la fin, et en
conduisoit accortement les moyens. Dans les choses
les plus malaisées luy naissoient les expediens les plus
faciles. L'on eust dict qu'il avoit l'œil dans le cœur
et dans la pensée de tous ceulx avec qui il traictoit,
tant justement sçavoit-il surprendre leurs volontés et
leurs desseins ! Et cette exacte cognoissance n'estoit
pas resserrée dans les limites de son gouvernement ;
les continuelles correspondances qu'il a tenues avec
les ambassadeurs de Sa Majesté en cour de France,
avec les gouverneurs de Milan, Son Altesse de Savoye,

de Loraine, messieurs des Ligues Suisses, et avec
monsieur le marquis Spinola, ont fait que les eveue-
mens de la fortune, tant changeants et tant glissants
puissent-ils estre, n'ont jamais trompé les propositions
secrettes du conseil secret de nos princes ; et les advis
qu'il a souvent donnés à la Serenissime Infante luy
ont fait souvent dire aussy que le comte de Champlitte n'estoit pas seulement gouverneur de Bourgongne, mais bien de plus encore l'agent de Sa Majesté
parmy toutes les nations.

« ..... Joingnés à cela les visites qu'il rendit au
roy de France, si bien prises de luy, et tant appreu-
vées par Son Altesse Serenissime. Joingnés-y encore
sa magnificence en la cour de Loraine, les honneurs
qu'il y receut, l'estime qu'il y gagnat et la bonne odeur
qu'il y laissat de sa conduitte, lorsque, suivy de la noblesse de son pays, il passoit, comme un autre Jason,
à la conqueste de la Toyson d'or, en l'institution de
laquelle les siens avoient tenus les premiers rangs, et
depuis se l'estoient successivement transmise, comme
un meuble hereditaire de leur maison..... »

L'orateur raconte que, sur son lit de mort, Clériadus de Vergy « ordonne qu'on l'enterre en habit de
capucin, en ayant dés longtemps obtenu la permission ; il defend que les vanités, que les ornementz
superflus, et mesme que ses armoiries paroissent en
son enterrement ; toute la pompe qu'il desire est un
effect de la charité, qui luy commande de faire habil-
ler cent pauvres pour accompagner son corps.

. . . .

« Icy le regret me tue et la fureur m'anime ; voilà que l'on luy clost les yeux, et l'on luy ferme la bouche, avec laquelle la mienne se fermeroit pareillement, n'estant pas raisonnable que nos paroles nous demeurent lorsque nos sens et nos espritz nous abandonnent, n'estoit que j'apperçois encore parmy nous la moitié de ce que nous avons perdu. Cette sage dame, la fille et la seur de deux chefz de la noblesse de France, qui, ayant fait eschange de son asme avec celle de son cher epoux, nous fait juger, par ses plaintes, qu'elle partage encore avec luy un sort reciprocque, et que, comme il prend en son cœur la moitié de sa vie, elle prend dans son tombeau la moitié de sa mort, je la considere enfermée soubz ce grand voile, comme une ombre plaintive et dolente, qui s'obscurcit d'autant plus que le corps qu'elle suyvoit va s'esloignant et se retirant loing d'auprés d'elle. Rien ne nous oblige d'essuyer nos larmes que le debordement des siennes, afin de l'attirer, sur nostre exemple, à quelque sorte de moderation et de soulagement. Et comme nous respectons sa presence en nostre affliction, aussy doit-elle respecter l'image, qu'elle porte au milieu de son sein, de celuy que nous regrettons avec elle, et doibt empescher que les regrets la dechirent et que les gemissements la profanent. Quoyque son cœur, qu'elle fait esclatter en mille pieces, soit semblable à un miroir cassé, de qui chasque partie represente la figure toute entiere, il est à craindre que ce regret continuel ne le fasse encore mourir aprés sa mort, et ne souille ou ne ternisse la plus belle et plus digne partie de luy-mesme, affranchie du trespas, ses desirs, ses pensées, sa foy, son amour, qui vivront encore et residront en celle qu'il a tant chérie..... »

Conformément aux dernières volontés de Clériadus de Vergy, son cœur fut déposé dans la chapelle de Vergy, qui avait été fondée en l'abbaye de Theuley, avant 1412, par l'un de ses ancêtres les plus illustres, Jean de Vergy, maréchal de Bourgogne. Le cœur de Madeleine de Bauffremont fut aussi déposé dans cette chapelle, avec celui de Clériadus de Vergy. Les religieux de Theuley, dont les prédécesseurs avaient été plus d'une fois l'objet des libéralités de la maison de Vergy, placèrent sur la tombe des deux époux une petite plaque de cuivre sur laquelle ils avaient fait graver l'épitaphe suivante. Cette plaque fut enlevée par des soldats durant les guerres qui désolèrent la Franche-Comté après la mort de Clériadus de Vergy, mais les capucins de Champlitte furent assez heureux pour la découvrir, et ils la remirent entre les mains de Jean Pernelle, procureur dudit Champlitte, ce qui permit à Pierre Palliot [1], auquel j'emprunte les détails qui

---

1. Pierre Palliot, historiographe du roi et généalogiste des États de Bourgogne, né à Paris en 1608, mort en 1698, a publié *le Parlement de Bourgogne*, 1649, in-f°, *la Science des Armoiries*, 1660, in-f°, etc., et laissé des mémoires manuscrits considérables.

précèdent, de prendre copie de l'épitaphe de Clériadus de Vergy au folio 383 du tome II de ses *Mémoires historiques*. (Fonds français de la Bibliothèque
Nationale 4019, page 73.) Voici cette touchante épitaphe, avec la traduction que j'en ai faite :

*Geminatum cor hic exstat, natura duplex, virtute
et religione unum ; causam sciscitaris et personarum no-
mina et cognomina : en ecce illustrissimus excellentis-
simusque dominus D. Cleriadus de Vergy, comes de
Champlite, Velleris Aurei eques, regi a status consi-
liis, huic quondam provinciæ prefectus, ibidemque dux
generalis exercituum, baro ac dominus a Vaudrey, Arc,
Morey, Mantoches, Leffons, La Rochette, etc., immi-
nente morte, cor suum, more majorum et avita pietate,
huc transferri jussit die 27ª novembris anno Domini
1630. Perillustris vero domina D. Magdalena de Beau-
fremont, ejus uxor et vidua, a carissimo conjuge insepa-
rabilis, eumdem locum sibi elegit. Hoc igitur cor
geminatum, divisum naturæ legibus, sed generis splen-
dore, religione sacramenti, conjugalis amicitiæ virtu-
tumque nexu inviolabili tam sancte unitum, post inte-
ritum utriusque, unione nova hic conjungendum fuit.*

« Cette tombe est le réceptacle glorieux d'un cœur
double, double par la nature, un par la vertu et la re-
ligion. Tu veux l'explication de ce phénomène ainsi
que les noms et surnoms des personnages : c'est très-
illustre et très-excellent seigneur monseigneur Clé-

riadus de Vergy, comte de Champlitte, chevalier de la Toison d'or, conseiller d'Etat du roi en ses conseils, jadis gouverneur de cette province, où il fut aussi lieutenant général des armées du roi, baron et seigneur de Vaudrey, Arc, Morey, Mantoches, Leffons, La Rochette, etc. Aux premières menaces de la mort, selon la pieuse coutume de ses aïeux, il ordonna que son cœur fût transféré dans cette chapelle, le 27 novembre de l'an du Seigneur 1630. Très-illustre dame madame Madeleine de Baufremont, épouse et veuve inséparable de son très-cher mari, a fait aussi choix de ce lieu. Ainsi, ces cœurs jumeaux, divisés par les lois de la nature, mais si saintement unis par l'éclat de la naissance, la sainteté du sacrement et le nœud inviolable de l'amitié conjugale et des vertus, devaient être, après leur mort, ici réunis par une alliance nouvelle. »

Sur Clériadus de Vergy, voyez aussi Nicolas Malpas [1], *le Bon Destin de la Franche-Comté conservée par*

---

1. Nicolas Bourrelier, sieur de Malpas, lieutenant général au bailliage de Salins en 1642. (Bibl. Nat., *Pièces originales*, reg. 1822, cote 42,069.)

Louis Bourrelier, écuyer, sieur de Malpas, et Simon Bourrelier, docteur en droit, Nicolas et Jean Bourrelier frères, héritiers sans division de feu noble Renobert Bourrelier, sieur de Malpas et de Germigny, patrons d'une chapelle à Quingey en 1553. (Recueil de Saint-Vincent de Besançon. Bibl. nat., coll. de Bourgogne, vol. 27, f° 104 verso.) 1706. Provisions de la charge d'auditeur en la chambre des comptes de Dôle en

la prudence et la valeur du sieur de Vergy, ou Eloge fu-
nebre de Cleriadus de Vergy, lieutenant general de
Bourgogne : Lyon, Cayne, 1632, in-4°.

---

faveur de Jean Bourrelier. (Bibl. Nat., Fonds franç. 26,454,
f° 97.) Pour la généalogie de cette famille, voir le *Nobiliaire
de Franche-Comté,* de Roger de Lurion, 1890, in-8°.

VERGY

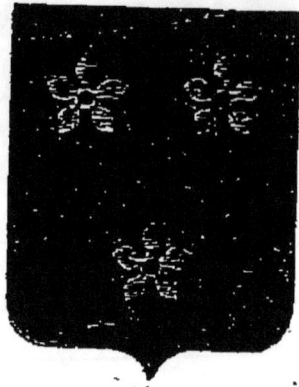

D'azur à trois quintefeuilles d'or, posées 2 et 1.
L'écu timbré d'un casque de face, orné de ses lambre-
quins aux couleurs de l'écu. Cimier : *Un col et tête de
cygne tenant en son bec une bague d'or.* Supports : *Deux
griffons.* Devise : *Sans varier.* Cri de guerre : *Vergy à
Nostre-Dame.* (D'après André du Chesne.)

Antoine de Vergy se trouvait parmi les dix chevaliers qui accompagnèrent le duc de Bourgogne, Jean
sans Peur, sur le pont de Montereau, le 19 septembre 1419. On sait que Jean sans Peur y fut lâche-
ment assassiné par Tanneguy du Châtel. Lorsqu'en
1430, Philippe le Bon, fils et successeur de Jean
sans Peur, créa à Bruges, à l'occasion de son mariage avec Isabelle de Portugal, l'ordre de la Toison
d'or, Antoine de Vergy fut le cinquième des vingt-
quatre chevaliers qui reçurent le collier de cet ordre

célèbre. Antoine de Vergy fut seigneur de Champlitte et de Rigny, comte de Dammartin, gouverneur des deux Bourgognes, de la Champagne et de la Brie, maréchal de France; « il portoit *de gueulles à trois quintefeuilles, percées d'or*; l'escu brisé d'une bordure d'argent. Timbre : une teste d'aigle d'or (selon aucuns de sinople becqué d'or) au milieu d'un vol banneret d'hermines. (Scutum coccineum, rosis tribus aureis quinquefoliis perforatis impressum, et limbo argenteo fractum. Apex : caput aquilinum aureum (quidam prasinum faciunt, auro rostratum) cum geminis alis vexillaribus armoricis ad latera positis. Plumatile acrostilium, aureum et coccineum.) Extrait de *Insignia gentilitia equitum ordinis Velleris aurei* (Le Blason des Armoiries de tous les chevaliers de l'ordre de la Toison d'or) *a Joanne-Jacobo Chiffetio* (par Jean-Jacques Chiffet), *Anvers*, 1632, in-4°, page 5.

Voyez les sonnets et estampes II, XXVI, XXVII, LIV et LV, qui ont été inspirés au poète et au graveur par ces deux blasons en couleurs.

BAUFFREMONT

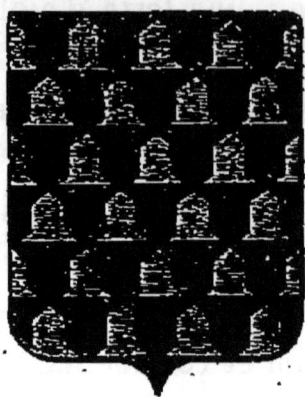

Vairé d'or et de gueules. Devise : *Dieu ayde au premier chrestien.* Cri de guerre : *Plus deuil que joye.* Supports : *Deux griffons.* Cimier : *Un col et tête de sanglier aux défenses d'argent.* (Bibl. Nat. Cabinet des titres, vol. relié 1155, f° 85 verso.)

Les Bauffremont, à cause de leur titre de barons de Senecey, ont aussi pour devise : *In virtute senesce* (vieillis dans l'honneur).

PORTRAIT

DE

CLÉRIADUS DE VERGY[1]

C'est un portrait à mi-corps, vu en face, tête nue, coiffure à la Henri IV, les avant-bras étendus, un large collet rabattu, le torse vêtu d'un pourpoint et d'une cotte sans manches. Bordure ovale renfermant cette devise : *Cerebroque manuque.* Aux deux angles supérieurs, entre deux palmes et surmonté d'une couronne de comte : un monogramme composé des lettres C. L. D. V. Aux deux angles inférieurs, entre deux palmes : l'écusson de la maison de Vergy.

Hauteur 164 millim. — Largeur 110 millim.

D'estre brave et vaillant tout le monde est capable,
Mais joindre la prudence avecque la valeur,
C'est un don fait du Ciel à nostre gouverneur,
Duquel tu vois icy le portrait veritable.

---

1. Cette première estampe manque dans mon exemplaire. Je dois la description ci-dessus à M. Auguste Castan.

I

SANS VARIER VERGY [1]

Un piédestal orné de l'écusson de la maison de Vergy ; au second plan, un rocher inaccessible, entouré d'eau et surmonté d'un château fort. — *Petrus de Loysi fe[cit]*.

Variari nescia virtus.

(La vertu ne saurait subir de variation.)

Quoy qu'on luy fasse et contrarie,
Jamais la vertu ne varie.

Fermes sans varier en la varieté
  Des accidents mondains, ces heros magnanimes,
  Ces grands preux de Vergy [2], à leurs Rois legitimes,
  Comme rochers en l'eau, de tout temps ont esté
Ennemys capitaux de la legereté.
  Ils ont des traistres cauts [3] rompus les sourdes limes,
  Et des sectaires faux, enfants des noirs abysmes [4],
  De leurs gouvernement bannis l'impieté.

Constans en l'inconstance et loyaux et fidelles,

   En la desloyauté des revoltes mortelles

   Qui tiennent sous nos Rois la Flandre en mouvement ⁵,

Ce sont les cubes droicts où la vertu placée,

   Sur leurs quarré massif se reposant lassée,

   Despite la tempeste et rit du changement ⁶.

---

1. André Du Chesne raconte que ces deux mots : *Sans varier,* qui constituaient la devise des Vergy, se voyaient, en 1625, « escrits en grosses lettres dessus la porte de la salle du chasteau de Champlite », et avaient donné lieu aux deux vers latins suivants :

> *Candida magnanimos ævo comitatur ab omni*
> *Gloria Vergeios, vriaare et nescia virtus.*

(Une gloire éclatante a toujours été l'apanage des Vergy magnanimes ; la vertu ne saurait varier *.)

Je ferai aussi remarquer que *vergit,* en latin, signifie : *il est sur le déclin. Sans varier Vergy* serait donc une antithèse, pour ne pas dire un calembour.

2. « Les seigneurs de la maison de Vergy ont donné tant de preuves de leur courage et ont executé tant de hautes et memorables prouesses, mesme dés les plus vieux siecles, que l'Antiquité, en jugeant equitablement, les a voulu honorer pour recompense de l'excellent et glorieux epithete de Preux **.

. . . .

Ce tiltre est comme l'echo resonnant de la renommée qu'ils se sont acquise par leurs armes durant le cours de sept siecles entiers et davantage, estant vray qu'en la Chrestienté n'y a que bien peu de lieux qui n'ayent cogneu les effets de leur vaillance. Car ils ont remply des marques de leurs prouësses les deux Bourgognes, la France, les Pays-Bas, la Lorraine, la Savoye, la

---

* Traduction libre :

> Une gloire éternelle a couvert du laurier
> Les Vergy : la vertu ne saurait varier.

** On disait aussi : *Riches de Châlon, Nobles de Vienne, Fiers de Neuf-châtel et Bons Barons de Bauffremont.*

Sicile, la Hongrie et la Terre-Sainte. » (Du Chesne, *Histoire de la maison de Vergy*, pages 17 et 18.)

3. Prudents.

4. Les protestants.

5. Allusion au soulèvement des Pays-Bas, sous Philippe II, roi d'Espagne. Ce vers prouve bien que l'auteur de ce sonnet était Franc-Comtois.

6. Ce premier sonnet est un pur chef-d'œuvre. Louis XIV n'a pas été mieux loué par Racine, Corneille et Boileau.

II

Detegit insidias.

(Elle découvre les embûches).

Un château fort. Au-dessus de la porte, une *guerrière* sonne le beffroi avec sa lance; devant la porte, une autre *guerrière*, Madeleine de Bauffremont, combat les vices, personnifiés par des guerriers.

> Contre la chasteté ne peut
> Le vice qui gaster la veut !

Vices, retirés-vous, voicy la chasteté
Qui du chasteau d'honneur garde et deffend la porte.
Toute orde¹ convoitise à ses pieds tombe morte,
Et se rompent vos coups contre sa fermeté.

De le prendre ou surprendre il n'a jamais esté
   Possible à vos efforts ; le beffroy vous rapporte[2],
   Il vous guette de loing, et, d'une touche forte,
   Descouvre incontinent vostre meschanceté[3].
Beau sang de Bauffremont, l'ornement de nostre aage,
   De la pudicité la respirante image,
   De l'honneur assiegé l'assistance au besoing,
Ah ! vous estes vroyement cette brave guerriere,
   Qui, descouvrant le vice au front de la barriere,
   Le combattés de prés et l'atterrés de loing.

---

1. Du latin *horridus,* qui excite le dégoût.

2. Vous dénonce.

3. La maison de Bauffremont est originaire de la Haute-Lorraine, où l'on voit le château et le bourg dont elle a pris le nom. Il est écrit Beffroymont dans les anciens titres, ce qui peut faire conjecturer que ce château avait été ainsi appelé parce qu'on y avait placé une grosse cloche, vulgairement un beffroi, pour sonner l'alarme et appeler les sujets en cas d'imminent péril, comme on faisait dans les autres châteaux au son du cor ou à voix de cri. Aussi les vairs et contre-vairs des armes de Bauffremont ne sont autre chose que des cloches sans nombre. (Extrait de l'*Histoire du comté de Bourgogne,* par Dunod, tome II, page 495.)

III

Usque ad bruta venit.

(Les bêtes mêmes le perçoivent.)

Un éléphant qui lève sa trompe vers le soleil, pendant que deux hommes, au second plan, s'éloignent en tournant le dos à cet astre.

Aux bestes qui sont sans raison,
On trouve la relligion [1].

Bestes pires cent fois que les bestes encore,
   Hommes-chiens qui, blasmants toute relligion,
   N'adorés que la chair en sa contagion,
   Des malheurs de ce temps la fatale Pandore [2],
Au gracieux resveil de la vermeille aurore
   L'elephant au soleil fait sa devotion [3],
   Et, touché sur le soir de mesme emotion,
   Ce mesme astre couchant derechef il adore.
Le sentiment d'un Dieu jusques aux bestes vient,
   Et l'homme, son chef-d'œuvre, helas! ne s'en souvient,
   Le reniant d'effect si de bouche il l'advoue.

Epicures 4 cent fois, dessillés-vous les yeux.
Pouvant hault contempler les mysteres des cieux,
Comme vous plaisés-vous d'avoir l'œil en la boue?

---

1. Orthographe latine : *relligio*.

2. Pandore, l'Ève des Grecs, fut modelée par Vulcain, animée par Minerve et ornée par les dieux de toutes les perfections
d'où lui vint son nom (du grec : *pan*, tout; *dôron*, présent).
Épiméthée, frère de Prométhée, l'ayant prise pour épouse et
ayant eu l'imprudence d'ouvrir une boîte qui avait été donnée
en présent à Pandore par Jupiter, tous les maux sortirent aussitôt
de cette boîte et se répandirent sur la terre ; il ne resta au fond
que l'espérance. Telle fut, selon la mythologie grecque, l'ori-
gine de l'âge de fer.

3. « Il est un Dieu. Les herbes de la vallée et les cèdres de la
montagne le bénissent, l'insecte bourdonne ses louanges, l'éléphant le salue au lever du jour, l'oiseau le chante dans le feuil-
lage, la foudre fait éclater sa puissance, et l'Océan déclare son
immensité. L'impie seul a dit : « Il n'y a point de Dieu. »
(Chateaubriand.)

4. Épicure, philosophe grec (341-270 av. J.-C.), enseignait
que le but de l'homme était le bonheur, qu'il faisait consister
dans l'usage modéré de toutes nos facultés physiques et intel-
lectuelles. Plus tard, ses disciples exagérèrent sa doctrine dans
le sens des plaisirs matériels. De là cette expression énergique
d'Horace : *Epicuri de grege porcus* (pourceau du troupeau d'Épicure).

IV

Exemplis bruta moventur.

(La vue des châtiments agit sur les bêtes mêmes.)

Trois lions, dont l'un est pendu à une potence ;
au second plan, sur des éminences de terrain, deux
maisons, l'une en bon état, l'autre en ruine.

> Les animaux en leurs malices
> Sont retenus par les supplices.

N'est-ce pas un grand cas des hommes raisonnables,
Qui, pour tant de forfaits qui tous les jours se font,
Voyent tant de bourreaux qui rompent et deffont,
Sur la roue, au gibet, tant de pauvres coulpables,
Sans craindre toutesfois des accidents semblables,
Mille meschancetés font, deffont et refont,
Jusqu'à ce que le juge à la fin les confont,
Condamnant à la mort leurs offences damnables ?
Les lyons aphricains, desmembrans autres fois
Les passants à milliers, furent arrestés coys,
A l'object d'aucuns d'eux pendus sur les passages.
Vous hommes qui voyés tant de morts, tant de coups,
Fondre sur les meschants, n'en devenant plus sages,
Les brutaux ont-ilz pas de raisons plus que vous ?

V

Non est scrutabile fatum.

(Le destin est impénétrable.)

Uné potence à laquelle est suspendu un luth ; au second plan, une femme porte une gerbe, à côté d'une charrette de fumier.

Le conseil de Dieu souverain
N'est comprenable au sens humain [1].

Jacob et son aisné n'eurent qu'une naissance,
  Issus de mesme estoc [2], mais ce grand Dieu esleut
  Jacob son serviteur heritier du salut,
  Reprouvant Esaü, vaisseau d'impœnitence.
D'un mesme arbre on choisit le bois de la potence,
  Dont l'ouvrier [3] va formant les costes d'un beau luth,
  Et le pot destiné à l'ordure qui put [4]
  Se fait d'un mesme argent qu'un vase d'excellence.
Tite et Domitian [5], nés de mesmes parents,
  Ont autres fois estés d'humeurs fort differents,
  L'un la hâine et l'horreur, l'autre l'amour du monde.

Las! et d'où vient, Seigneur, ceste diversité,
*   Ou plustost d'où me vient d'ozer mettre la sonde .*
En tes haults jugements ceste temerité [6]?

---

1. Quelle est la fin de tout? la vie, ou bien la tombe?
Est-ce l'onde où l'on flotte? est-ce l'ombre où l'on tombe?
De tant de pas croisés quel est le but lointain?
Le berceau contient-il l'homme, ou bien le destin?
Sommes-nous ici-bas, dans nos maux, dans nos joies,
Des rois prédestinés, ou de fatales proies?
O Seigneur, dites-nous, dites-nous, ô Dieu fort,
Si vous n'avez créé l'homme que pour le sort?

. . . .

(VICTOR HUGO, *les Voix intérieures,* III.)

2. Race.
3. Ce mot représente deux syllabes.
4. Orthographe latine.
5. Titus, empereur romain de 79 à 81 ap. J.-C., fut sur-
nommé *les Délices du genre humain.* C'est à lui qu'on attribue
ce mot : *diem perdidi* (j'ai perdu ma journée), qu'il adressa à
ses amis à la fin d'un jour qui n'avait été marqué par aucun
bienfait de sa part.

Domitien (en latin *Domitianus*), frère du précédent, empereur romain de 81 à 96 après J.-C., fut un monstre de cruauté
et de débauche et persécuta cruellement les chrétiens.

6. Inversion par trop forte : Ou plustost d'où me vient ceste
temerité d'ozer, etc.

VI

Pacata rebellio turbat.

(La discorde trouble la paix.)

Un chameau qui trouble du pied l'eau d'une fontaine.

La rebellion tyrannicque
Rompt l'ordre de la republicque [1].

De son ambition Catilina [2] seduit
   Ne sçauroit dedans Rome endurer la police.
   Il faut que Rome ou luy [3] entierement perisse
   Ou que dessous sa main l'empire soit reduit.
Aux yeux des chassieux trop grande clairté nuit.
   C'est pourquoy ces brouillons, qui n'ont autre delice
   Que de troubler le monde, abhorrent la justice,
   Dont l'esclat à leurs yeux dommageablement luit.
Que la sedition, le trouble et le desordre
   Mettent tout à l'envers, pourveu qu'ils puissent mordre
   Sur le bien de l'estat, tout mal leurs est tout un.

Miserables chameaux qui tous recreus 4 de penne,
  S'ilz ne troublent du pied les eaux de la fontenne,
  Ne trouvent à leurs soif le breuvage oportun.

---

1. Ce mot est pris ici dans le sens d'état, chose publique: *res publica.*

2. Catilina, l'an 63 av. J.-C., ourdit une conspiration dont le but était le renversement de la République et le pillage de Rome. Démasqué par Cicéron, il dut quitter la ville et alla organiser la guerre civile en Étrurie. Il fut vaincu et tué, en 61, près de Pistoia.

3. Malherbe n'avait pas encore proscrit l'hiatus de la versification française.

4. Excédés, fourbus.

VII

Regnum concordia firmat.

(La concorde affermit l'État.)

Un luth.

Contre tout injuste attentat
La concorde asseure l'estat.

C'est un luth discordant qu'un peuple sans concorde,
  Que l'accord-magistrat, qui fait profession
  De tenir ses accords à sa discretion,
  Par force et par amour mal aysement accorde.

Ore il pince la basse, ore la haulte corde,
  Ore il bande le cœur privé d'ambition,
  Ore il lasche le cœur plein de præsomption,
  Ore il couppe à regret la corde qui discorde.
La discorde est nuisible, et, comme on voit nos corps,
  Lorsque les quattre humeurs ne gardent leurs accords,
  Ou devenir fievreux ou tomber hydropicques,
Le peuple non unit en mesme opinion
  Perd de mesme sa force, au lieu que l'union
  Conserve les Estats, maintient les republicques.

VIII

Vita hominis punctum.

(La vie de l'homme est un point.)

Un compas dont l'une des pointes repose sur un fragment d'équerre, lequel est placé sur un rocher aride, auprès d'un tronc d'arbre, qui jette quelques minces rejetons.

Notre vie est moindre qu'un point
Qui passe et ne retorne point.

Où pensés-vous, mortels, de quelle confidence [1]
  Vous jugés-vous si fort esloignés du trespas
  Et croyés que vos jours ne s'escouleront pas
  Avant que vos desseins ne soient tous hors d'enfance?

Prenés garde de prés à vostre decadence,
  Et, comme au dernier but vous advancés le pas,
  Vous verrés que la vie est comme le compas
  Qui ne marcque qu'un point en sa circumference.
Le passé n'est à vous non plus que l'advenir.
  Le present seulement vous peut apartenir,
  Comme ayant de lui seul l'usufruit et l'usage.
Si le passé n'est plus, si le futur n'est point,
  Qu'est-ce, helas! du present qu'un atome, qu'un point
  Que la mort avec nous esgalement partage?

---

1. Du latin *confidentia*, confiance.

IX

Indomitum doctrina domat.

(La science vient à bout de ce qui est indomptable.)

Un taureau attaché par les cornes à un laurier.

La science aysement surmonte
Ce que nulle autre chose dompte.

Attachés au laurier, arbre victorieux,
  Un furieux taureau, ceste plante divine
  Fait qu'un petit enfant aysement le domine,
  Touche et frotte à plaisir son corps laborieux.

8

L'homme, tant soit-il fier, revesche et glorieux,
S'apprivoyse et fleschit auprés de la doctrine [1].
Prés des hommes sçavants son audace il termine,
Et rompt de son orgueil l'orage injurieux.
Saül prophetizoit au milieu des prophetes.
Nous sousmes incivils et devenons honnestes,
Selon l'humeur de ceux qui hantent avec nous.
Le sçavoir seul rend l'homme honneste et compagnable,
Et le Turc enseigné n'est moins courtois et doux
Que le Grec est humain et le François affable [2].

---

1. Auprès de la science. Du latin *doctrina*, science.
2. Ce sonnet est un chef-d'œuvre, par la délicatesse de la pensée, la beauté de la rime et le bonheur de l'expression. On pourrait en dire autant, ce me semble, de quelques-unes des pièces de ce recueil.

X

Concordes ita nectit amor.

(L'amour unit ainsi les amoureux.)

Deux pigeons liés l'un à l'autre par une branche de myrte, qui leur entoure le cou, se becquètent; au second plan, un colombier.

> L'amour parfait et legitime
> Deux corps d'une seule ame anime.

Un amour legitime, honnestement conduit,
  Brusle les deux amants d'une si douce flame
  Qu'il fait de deux corps un, de deux ames une ame,
  Qu'en mesme esgalité il accorde et reduit.
Le mary sans son pair ne gouste aucun deduit,
  La femme sans le sien de tristesse se pasme,
  Et leurs vouloir tissu sur une mesme trame
  Mesmes affections en leurs ames produit.
Ainsi ces deux pigeons, que ce myrthe enchordelle,
  Praticquent leurs amours et du bec et de l'aisle,
  Couchants, passants ensemble et la nuit et le jour.

Que si quelque courroux les deux amants allume,
Il s'esteint aussy tost : les pigeons et l'amour,
Les uns estants sans fiel, l'autre sans amertume [1].

---

1. Il faut relire après ce sonnet le chef-d'œuvre de La Fontaine, *les Deux Pigeons :*

> Deux pigeons s'aimoient d'amour tendre :
> L'un d'eux, s'ennuyant au logis,
> Fut assez fou pour entreprendre
> Un voyage en lointain pays.
> L'autre lui dit : « Qu'allez-vous faire?
> Voulez-vous quitter votre frère ? »
> Etc.
>
> (Livre IX, fable II.)

XI

Hic terminus esto.

(Tout aboutit là.)

Une tête de mort, placée sur deux os croisés, repose sur un socle, à côté d'un mur en ruine et d'une colonne brisée.

> La mort est le terme commun
> Que le ciel præscript [1] à chacun.

Ambitieux humain qui dans ton ame roule
Maints fantascques projets l'un sur l'autre entassés,
Qui d'honneurs et de biens foule à foule amassés,
Non plus qu'Erisichton [2] *tant soit peu ne te soule,*

Quand tu auras conquis et l'une et l'autre boule,
  Soit des pays bruslans, soit des pays glacés,
  Encor n'auras-tu pas, pauvre hydropicque, assés
  Pour combler le tonneau de tes desirs qui coule 3.
La terre est trop petite et ton desir trop grand,
  Pour estre contenu au peu qu'elle comprend.
  Si le ciel te suffit, declaire-lui la guerre.
Mais vois-tu pas la mort qui rit de tes discours,
  Qui rompt ton entreprise au milieu de son cours,
  Et clost tous tes desseins dedans sept pieds de terre 4?

---

1. Orthographe latine.

2. Érésichton ou Érisichton, fils de Triopas et aïeul maternel d'Ulysse, s'attira, selon Ovide, la colère de Cérès, en profanant un bois consacré à cette déesse. Il fut condamné à une faim insatiable et finit par se dévorer lui-même.

3. Selon la mythologie grecque, les cinquante filles de Danaüs, roi d'Argos, pour avoir égorgé leurs cousins, que, par violence, elles avaient dû prendre pour époux, furent précipitées dans le Tartare et condamnées à remplir éternellement un tonneau sans fond.

4. Ce mouvement rappelle celui d'Hernani, dans le drame de Victor Hugo. Hernani, s'adressant à la femme qu'il aime (dona Sol), et qui est à la veille d'épouser un veillard, lui dit :

  Pendant que d'une main il s'attache à la vôtre,
  Ne voit-il pas la mort qui l'épouse de l'autre?

                                        (Acte Ier, scène II.)

Notre vieux poète n'est pas moins concis, ni moins sublime.

XII

Maris evehit ira quisquilias.

(La tempête fait surgir les débris qui sont au fond de la mer.)

Une mer agitée, sur laquelle flottent des débris de toute espèce.

Quand la mer de courroux tressault,
L'orde [1] fondriere vient en hault.

Quand j'aperçois les vents courroucer la marine
   Et venir l'immondice au-dessus de la mer,
   Quoyqu'elle loge au fond de ce royaume amer
   Que le sceptre à trois dents de Neptune domine,
Je pense voir de loing la revolte mutine
   Qui fait dans un Estat les moindres œstimer,
   Qui fait ez plus haults lieux les facquins sublimer [2],
   Et venir au dessus la populace indigne.
Mais, l'orage passé, se recalment les flots,
   Et ces menus flatras derechef sont encloz
   Au profond de la mer, leurs premiere seance.

La revolte se passe, et ces petits coquins,
 Rentrans en leurs devoir, montrent la difference
 De l'empire des grands à celuy des facquins 3.

1. Du latin *horridus,* qui excite le dégoût.
2. *Sublimare,* élever.
3. Ce sonnet se rapporte aux guerres civiles du XVIe siècle.

XIII

Decipimur specie recti.

(Nous nous laissons prendre à l'apparence du bien.)

Un pèlerin ; au second plan, une chapelle.

> Souvent le mensonge et le vice
> Nous trompe à couleur de justice.

Vois-tu ce pelerin qui, pour sauver son ame,
 A Saint Jacque le grand va recercher pardon?
 Son baston en dehors paroit estre un bourdon,
 Au dedans il recele une homicide lame.
Les coquilles de mer dont il pare et récame 1
 Sa jacquine, son sein, son chappeau, son cordon,
 Le font œstimer sainct, visant au seul guerdon 2
 Que Dieu promet à ceux qui bruslent de sa flame.

Mais, sous cest habit-là, il advient maintes fois
Qu'on demande en passant l'aumosne au coing d'un bois,
Pillant, jouant, riblant ³, esclave de la pance.
Qui n'est bon au dedans, ce n'est rien du dehors.
Il faut une ame nette aussi bien que le corps.
Souventes fois du bien nous trompe l'apparence.

---

1. Garnit.
2. Récompense.
3. Vivant dans la débauche.

XIV

Tela refert nostras quam texit aranea leges¹.

(La toile qu'a tendue l'araignée est l'image de nos lois.)

Une toile d'araignée, qui retient une mouche.

Le than rompt les reths par mespris,
Qui retient le moucheron pris.

On dict que les gibets, les licols dangereux
Et les coups de canons sont pour les miserables.
Les pauvres sont punis et les riches coulpables
Eschappent aysement les supplices honteux.

Si quelque homme d'Estat, quelque avare impiteux [2],
  Sent quelques fois les mains des bourreaux implacables,
  C'est un coup de canon, entre cent dissemblables,
  Qui frappe par hazard quelque chef valeureux.
La penne de la loy seulement hurte et chocque
  Les simples colombeaux, mais le corbeau s'en mocque,
  Emportant les liens où les autres sont pris.
La justice resemble ez [3] *toiles d'aragnée :*
  Le than gros et puissant y passe par mespris,
  Mais la petite mousche y reste emprisonnée.

---

1. Ce mot est du philosophe scythe Anacharsis. Voyez la
note 1 du sonnet XXI, page 74.
  2. Impitoyable.
  3. Aux.

XV

Omne solum forti patria est.

(La patrie de l'homme courageux est partout.)

Un globe terrestre au centre duquel marche
un voyageur.

Toute la terre en son ressort
Est le pays de l'homme fort.

Le poëte exilé de la terre romaine [1]
　Eut pour le moins cest heur en son malheur fatal
　De trouver courtoisie entre un peuple brutal
　Voué à la froideure et nourrit [2] *à la penne.*
Aux hommes genereux [3] *toute terre est prochaine.*
　Tout climat, tout Estat est son pays natal,
　Ainsi qu'en tous endroicts de l'ondoyant cristal,
　Comme en son lieu natal, le poisson se promeine.
Si tu es vertueux, ne crains point de changer :
　Tu trouveras tousjours au pays estranger
　Qui des vertus en toy reverera l'image.

Voire l'on ne sçauroit te bannir et tirer
Jamais de tant de lieux que, pour y demeurer,
Il ne te reste encor du pays davantage.

---

1. Ovide, célèbre poète latin, né 43 ans av. J.-C., mort 18 ans ap. J.-C., fut, pour une raison d'État demeurée inconnue, relégué par l'empereur Auguste sur les bords du Pont-Euxin, chez les Sarmates, dont il apprit la langue et qu'il charma par ses poésies.

2. Orthographe latine : *nutrit — us.*

3. Il faudrait : A l'homme généreux.

XVI

Invita micat invidia.

(Elle brille malgré l'envie.)

Une chandelle à laquelle viennent se brûler deux papillons ; au travers de la fenêtre, on aperçoit le croissant de la lune, qui brille malgré la nuit.

Malgré toute haine mortelle
La vertu paroist tousjours belle.

Tout autant de flambeau, tout autant de chandelle,
Que nous voyons briller d'un rais [1] *estincelant,*
Attire autour de soy son papillon volant
Qui tasche de l'esteindre en l'attacquant de l'aisle.

De mesme il n'est vertu, tant petite soit-elle,

   Qui ne traisne aprés soy l'envieux insolent,

   Hydropicque de haine, enflé de maltalent,

   Qui tasche de noircir sa candeur immortelle.

Mais comme le flambeau ne laisse de clairer,

   Bruslant le papillon qui s'oze advanturer

   D'estouffer sa lueur et le mettre en fumiere,

De mesme la vertu demeure en sa beauté,

   Et, pour juste loyer de sa desloyauté,

   L'envie ² creve et meurt aux rais de sa lumiere.

---

1. Rayon.

2. Ce mot représente trois syllabes, c'est-à-dire que l'*e* muet
doit être prononcé : l'en-vi-e.

XVII

Nil nisi sponte facit.

(Il ne fait rien que spontanément.)

Un chat dans une cage.

Le brave et valeureux courage
Ne peut endurer le servage.

Grave et vaillant Caton, voyant la republicque
    Serve dessous les loix du tyran dictateur,
    Pour ne fleschir au joug de cest usurpateur,
    Tu te tuas toy-mesme en la cité d'Uticque.
Brute, aussy bon guerrier que sage politique,
    De l'alme [1] liberté fut le restaurateur,
    Fit mourir ses deux filz et vengea, zelateur,
    Par la fuitte des Roys la Romaine pudicque.
Le chat meurt enfermé et ne peut à son col,
    Non pas mesme à ses pieds, endurer le licol;
    Il ronge les lyens, met en pieces sa cage.
Tout magnanime cœur ayme la liberté.
    Le peuple est celuy sot qui se plait au servage
    Et des princes tyrans caresse la fierté.

---

1. Féconde, bienfaisante.

XVIII

Nil turpius ore vorari.

(Rien n'est plus honteux que de périr par la gloutonnerie.)

Un ibis sur le bord d'une pièce d'eau et dans la position indiquée par le dernier vers du sonnet. *Petrus de Loysi fecit.*

Rien n'est tant indigne de vivre
Qu'un gourmand qui boit et s'enyvre.

Gourmand porc à l'engras, qui ne vis seulement
Que pour boire et manger et ne mange pour vivre,
Qui, puant au matin et sur le soir fait yvre,
As teste, bras, esmeus d'assidu tremblement;
Four à cuire, moulin à moudre incessamment,
Ventre desboutonné, insatiable à suyvre
Ton appetit brutal, qui maintes fois te livre
Les desgoutans accés d'un ord [1] *vomissement,*
Quand je pense à part moy en quelle vile fange
Ton ave gloutonnie infamement te range,
Je dis que de l'ibis tu portes le portrait,

Qui, de trop d'aliments se farcissant le ventre,
Ne sçauroit escurer cest infame retrait,
Si le bec qui l'emplit pour le vuider n'y rentre.

---

1. Voir la note 1 du sonnet II.

XIX

Aspice quo pergas.

(Regarde où tu marches.)

Un limaçon.

Regarde où tu pose le pas :
Le monde est plein de faux appas.

Sçais-tu bien comme va la glaireuse limace?
Elle allonge, elle estend ses cornirons pointus,
Et touchant en chemin quelques rudes festus 1,
Elle retorne arriere et tout en soy s'amasse.
Homme calamiteux qui chemine en la trace
Du monde entrecoupé de longs sentiers tortus,
Estends de ton esprit les plus belles vertus
A marcquer les hazards du pays où tu passe.

Icy tu trouveras des brigands, des guetteurs,
   Là tu rencontreras des larrons crochetteurs,
   Sathan, le monde faux et ceste chair humaine.
Rentre lors en toy-mesme et dis incontinent :
   « *O Dieu, mon redempteur, que ceste vie est plenne*
   Et de dangers secrets et de mal eminent! »

---

1. Brins de paille.

XX

Peccati sic pœna venit.

(C'est ainsi que la peine atteint le pécheur.)

Un cadran.

En fin le supplice et la penne
Du peché vient à pas de laine.

Horloge, que tu es admirable en ton cours!
   Qu'en tes ressorts divers tu es esmerveillable!
   Tu distincgue les temps et marcque veritable
   Les heures, les moments, les minutes, les jours.

Ta touche à menus pas fait ses tours et destours,
 Sans qu'on s'en prenne garde, en ta monstre notable.
  Mais, quand elle est au point de l'heure inevitable,
  Elle frappe son coup et passe outre tousjours.
La penne du peché marche de ceste sorte,
  Et nul ne l'aperçoit jusqu'à ce qu'elle porte
  Le rude coup de mort sur nostre chef haultain.
Nostre Dieu pitoyable est tardif à la penne;
  Pour venir au supplice il a les pieds de laine [1],
  Mais pour frapper son coup il a le bras d'airain.

---

1. Admirable expression.

XXI

Redolet flagrantius icta.

(Plus il est broyé, plus il exhale de parfums.)

Un mortier dans lequel une main, qui sort d'un nuage,
plonge un pilon.

Plus la vertu sent de secousse,
Plus l'odeur qu'elle rend est doulce.

Broyés, broyés, disoit le philosophe scythe [1],
  Brisés, froissés, rompés ce miserable corps,

Vous battés seulement ses habits en dehors,

Le dedans, mon esprit, vostre rage despite.

Vous qui persecutés les hommes de merite,

   Que leurs pensés-vous faire? Ilz sont à vos efforts

   De groz rochers de fer invincibles et forts,

   Qui rompent aysement vostre gresle subite,

Et, s'affinants au mal comme coutres 2 *trenchants*

   Qui mettent bas leurs rouille à sillonner les champs,

   En la calamité ont une odeur plus doulce.

Le poivre ainsi pilé dans le mortier d'airain,

   Sous les coups redoublés du pilon cassegrain,

   Un parfum plus souef 3 *plus souefvement* 4 *pousse.*

---

1. Anacharsis, philosophe scythe, vivait dans la première moitié du VIe siècle avant J.-C. Surmontant la prévention de ses compatriotes contre les coutumes des nations étrangères, il résolut de voyager, et surtout de visiter la Grèce. Il arriva à Athènes au moment où Solon était occupé à doter cette cité d'un nouveau code, et il entra en rapport avec ce grand législateur, dont il devint ensuite l'ami. Sa présence produisit sur les Athéniens une impression d'intérêt mêlé de curiosité. Diogène Laërce, Plutarque, Athénée et Lucien, ont reproduit quelques-unes des observations et des reparties pleines de sens et de finesse que lui inspiraient les mœurs et les institutions grecques. C'est ainsi qu'il comparait les lois de Solon à des toiles d'araignée, par où les puissants s'échappaient, tandis que les faibles s'y trouvaient pris. (Extrait de la *Nouvelle Biographie générale* Firmin-Didot.)

Voyez l'épigraphe latine qui surmonte le sonnet XIV.

2. Espèce de fort couteau en fer adapté à la flèche de la charrue et servant à fendre la terre.

3. Doux, du latin *suavis*.

4. Doucement.

XXII

De principe risus lethalis.

(Qui se rit d'un prince risque sa vie.)

Un lion qui dévore un singe. *Petrus de Loysi fecit.*

Garde que du roy tu ne rie,
Mortelle en est la mocquerie.

Garde-toy bien, sujet, de te mocquer et rire
  Du roy ton souverain : Dieu tient les roys en prix,
  Il venge le forfait sur leurs chef entrepris
  Et veut qu'en leurs grandeur sa grandeur on admire.
Les barons, les seigneurs de l'indigné Ramire [1]
  Payerent de leurs sang leurs indigné mespris.
  Les roys sont dangereux quand, de cholere espris,
  Ils desgorgent sur nous les bouillons de leurs ire [2].
Leur main n'est onc [3] fermée à la punition
  Des sujects contempteurs de leurs condition
  Que Dieu veut que chacun devotement honore.
Le mespris du vassal envers son souverain,
  Aiguisant le cousteau qui luy perce le sein,
  Engendre le lyon qui le singe devore.

---

1. Il y a eu plusieurs rois de ce nom en Espagne, du IXe au

XIIᵉ siècle. Ce vers doit s'appliquer à Ramire Iᵉʳ, roi des As-
turies, qui châtia cruellement les seigneurs qui s'étaient révoltés
contre lui, entre autres Piniolo, qui fut exécuté, en 848, avec
ses sept fils.

2. *Ira* : colère.
3. Jamais.

XXIII

Inconcussa quatit.

(Inébranlable, elle ébranle)

Une barque au milieu d'un cours d'eau bordé de
rochers; sur la rive, un homme, vêtu à l'antique, s'a-
vance, étonné, vers deux femmes vêtues de même et
qui lui tendent les bras; deux autres femmes montrent
l'homme du doigt; au second plan, une ville forte.

> Qui se prend à plus grand que soy
> Aysement tombe en desarroy.

Naboths [1] *audacieux, regardés ce vaisseau*
   Qui rade [2] *de Neptun les routes solitaires.*
      Veut-il chocquer de front les escueils adversaires?
      Les escueils tiennent bon et luy coule en morceau.
Naboths audacieux qui pensés d'un cerceau
   Voler plus hault que l'aigle et voulés, temeraires,
      Dresser contre les grands vos desseins voluntaires,
      Les grands que les roys ont aussy chers que leurs seau,

Naboths audacieux, estes-vous point en crainte
  Que ces fermes rochers de leurs premiere atteinte
  Ne crevent vostre audace et vous mettent en bris?
La nacelle se rompt et la roche s'en mocque.
  Les grands demeurent grands, mais dommage et mespris
  Suit ordinairement celuy qui les provocque.

---

1. L'israélite Naboth fut lapidé pour avoir refusé de vendre
sa vigne au roi Achab (899 av. J.-C.).
2. Sillonne.

XXIV

Tendit, non rumpit.

(Il tend, mais ne rompt pas.)

Un concert d'amateurs ; à gauche, un gentilhomme
joue du luth ; à droite, une femme, du clavecin ; au
milieu, un enfant chante.

> Il ne faut rompre, mais bander,
> La chorde qu'on veut accorder.

Carnacier humesang qui n'as plaisir qu'à pendre,
  Qu'à brusler, qu'à trouver nouveau genre de mort,
  Pourquoy n'imite-tu le menestrier [1] accort,
  Quand il voit de son luth les chordes se destendre?

Ores[2] il en monte une, ores[3] il fait descendre
    Une autre un peu plus bas, et, sans leurs faire effort,
    Il les bande, il les tire, il les tend, il les tord[4],
    Et les fait à la fin à leurs devoir se rendre.
Voit-on un membre au corps se rompre et dislocquer,
    Il le faut par douceur en son lieu revocquer,
    Sans y mettre à l'instant le fer et le cautere.
Tel rougit de son sang un infasme eschaffaut
    Qui, doucement repris, amendant son deffaut,
    Pouvoit estre à l'Estat instrument necessaire.

---

1. Ce mot ne représente que trois syllabes.
2. Ce mot ne s'élide pas avec le suivant.
3. Même observation.
4. Vers monosyllabique et d'une grande beauté. Ce sonnet est d'ailleurs un chef-d'œuvre.

XXV

Terris petit alta relictis.

(Il monte au ciel après avoir quitté la terre.)

Une terre désolée au-dessus de laquelle vole
un oiseau sans pattes.

> La foy n'a ses aisles guindées [1]
> Que sur les cœlestes idées.

Puissance de la foy à nulle autre seconde!
  Elle offuscque, elle advance, elle arreste au milieu
  De son cours journalier le tournoyant essieu
  De l'astre chevelu qui donne jour au monde.
En deux fermes remparts elle separe l'onde,
  Elle y passe à pied sec, elle nous joint à Dieu,
  Elle transporte et sort les rochers de leurs lieu
  Et dompte des enfers la caverne profonde.
Non en terre, ains [2] au ciel, elle loge et se tient.
  De là l'aveugle et foible elle esclaire et soustient
  Et ses thresorts cachés aux fidelles desserre.
Allerion nouveau qui vit tousjours en l'air
  Et n'a jambes ny pieds pour marcher sur la terre,
  Au contraire a le corps tout d'aisles pour voler.

---

1. Guidées.
2. Mais.

XXVI

Viret invariabilis illa.

(Il verdoie en toute saison.)

Un oranger chargé de feuilles et de fruits; sur l'une des oranges sont les armes de la maison de Vergy; à droite, une chapelle; à gauche, un château fort.

En toute saison l'oranger
Porte et verdoye[1] sans changer.

Admirables effects que le jeune oranger
  Porte, dans les jardins repartis en lozange,
  La fleur avec le fruit, la verte et meure orange[2],
  Sans que le froid hyver le puisse oncque[3] changer.
Ces grands preux de Vergy, qui, suyvants au danger
  Leurs princes naturels, pour n'aller pas au change,
  Ont perdus leurs moyens[4] et prisés moins que fange
  Les offres, les honneurs d'un monarcque estranger,
Ainsi que l'oranger, dez leurs prime naissance,
  Portent en mesme temps leurs fleurs d'obeissance,
  Les fueilles du devoir, les fruits de fermeté,

Et si le noir glaçon des fortunes adverses,
  Le frimat des malheurs, le verglat des traverses,
  Jamais ne touche au verd de leurs fidelité 5*.*

---

1. Ce mot représente trois syllabes, c'est-à-dire que l'e muet doit être prononcé.

2. La vertu et la mûre orange.

3. Jamais.

4. « Ce seigneur (Clériadus de Vergy), dit André du Chesne, commença dès l'âge de seize ans à porter les armes pendant les guerres du comté de Bourgongne, où il leva un regiment pour la defense d'iceluy l'an mil cinq cents quatre-vingts quinze. Il fut aussi capitaine d'une compagnie de chevaux legers dressée à ses propres frais, laquelle servit deux ans fort honorablement et utilement dedans les Pays-bas. . . . . Les terres et seigneuries de Champvent et de la Motte au pays de Vaux, et celles du Pin et de Barsalin, venues de Renée de Ray, sa mere, ont esté par luy alienées pour subvenir aux despenses continuelles que requiert l'entretien de l'esclat et splendeur de sa dignité. (*Histoire de la Maison de Vergy,* livre VII, chapitre VI.)

5. Dans la langue symbolique du blason, l'argent signifie innocence, beauté, franchise, obéissance; le vert ou sinople : espérance, courtoisie, joie, devoir, fidélité; l'or : justice, clémence, fermeté de l'âme.

XXVII

Fructifica.

(Fructifie.)

L'écusson de Vergy sur celui de Bauffremont ; un lierre court sur le second ; à gauche, un château fort ; à droite, une montagne.

> Fructifiés, puisque la fleur
> Sans fruit est de peu de valeur.

Beaumont, si trop froid mont, tu n'estois tout de glace[1],
   Qui[2] *pour trois belles fleurs*[3] *que tu couvre en ton sein,*
   Que tu loge en ton cœur, que tu porte en la main,
   Devançant en renom le celebre Parnasse,
Ton haleine, ou plustost ce doux zephir qui passe
   Entre les frais œillets de ton corail[4] *germain*[5]*,*
   Les maintient en vigeur, et ton cheveux chastain[6]
   Contre la froide glace en hyver les embrasse.
Mais que sert tout cela si les chastes flambeaux
   Qui sortent à longs traits de ces fleurons si beaux
   Ne peuvent amollir la froideur de ton ame?
Non c'est trop prendre en vain tant d'amoureux desduits
   Il faut que desormais, eschauffés de leurs flame,
   Aussy bien que les fleurs tu nous donne des fruits[7]*.*

---

1. Le poète s'adresse ici à Madeleine de Bauffremont, femme

de Clériadus de Vergy, laquelle était stérile. Il fait venir le nom de Bauffremont de *beau froid mont*.

2. Ce *qui* se rapporte à Beaumont.

3. Les trois quintefeuilles d'or des armes de Vergy.

4. Les vairs ou cloches de gueules (rouges) des armes de Bauffremont.

5. Germain, du latin *germanus*, frère, qui se ressemble.

6. Les vairs d'or des armes de Bauffremont.

7. Le vœu du poète ne fut point exaucé : comme je l'ai déjà dit, Clériadus de Vergy mourut en 1630 et ne laissa point d'héritiers. L'une de ses sœurs, Béatrix, mariée, en 1577, à Vandelin-Simon de Cusance, baron de Belvoir et de Saint-Julien, avait eu, entre autres enfants, Claude-François, chevalier, colonel d'un régiment bourguignon aux Pays-Bas. Claude-François épousa Ernestine, fille de Jean de Wittem, marquis de Berghe. De cette alliance vint, entre autres enfants, Clériadus, que son grand-oncle, Clériadus de Vergy, désigna par son testament pour relever le nom et les armes de la maison de Vergy. Le Parlement de Dôle confirma cette disposition, à la mort de Cléradius de Vergy : Clériadus de Cusance, ou plutôt de Vergy, fut mis en possession du comté de Champlitte et fiancé à Marie-Célestine, unique héritière du baron de Ray. (*Histoire de Champlitte,* par l'abbé Brifaut.) « En mesme temps (1634), dit le conseiller de Beauchemin, fut empoisonné le comte de Champlitte du poison lent duquel il mourut, au temps qu'on se disposoit à celebrer son mariage avec la baronne de Ray; son gouverneur, François de nation, fut soubçonné de cet horrible crime, avec très-violents indices, et fut fait prisonnier aux prisons de Dole, d'où il eschappa depuis et se sauva en France. » (*Histoire de dix ans de la Franche-Comté de Bourgongne* (1632-1642), par Girardot de Noseroy, seigneur de Beauchemin, conseiller en la Cour souveraine du Parlement de Dole, intendant des armées de la province ; éditée par Jules Crestin, Besançon, 1843.)

Le seigneur de Gâtey, arrière-petit-neveu de Clériadus de Vergy, fut considéré, non sans raisons, comme l'instigateur de ce crime.

XXVIII

Ingratis servire nefas.

(Obliger un ingrat, cela porte malheur.)

Une vipère, d'où sort une autre vipère plus petite;
au second plan, une ville avec son église.

Faire à l'ingrat un bon office,
C'est une espece d'injustice.

Assister un ingrat et luy faire service,
  C'est bastir sur la glace et, stupide, semer
  Sur le sable mouvant de l'orageuse mer [1],
  Estre inique à soy-mesme et faire une injustice.
Aye [2] fait au besoing tout le meilleur office
  Que tu pourras pour luy, au lieu de t'en aymer,
  De t'en vouloir du bien, t'en cherir, t'œstimer,
  Il t'en rendra, s'il peut, vergongne et præjudice.
Qui plaige [3] le meschant paye à la fin pour luy,
  Et de tous les vilains le plus grand est celuy
  Qui mescongnoit les biens receus en sa misere:

Vipereau malheureux, de malice assortit,
  Qui, si tost comme il est de misere sortit,
  Pour toute recompense occit sa propre mere.

---

1. Rime normande.
2. Ce mot représente deux syllabes, c'est-à-dire que l'e muet doit être prononcé.
3. Cautionne.

XXIX

A cane non magno sæpe tenetur aper.

(Souvent un petit chien tient en arrêt un sanglier.)

Un sanglier et deux chiens; le plus petit tient
le sanglier en arrêt.

Souventes fois un gros sanglier [1]
Est pris par un petit levrier [2].

La petite vipere, animal venimeux,
  Occit un gros taureau de sa vive pointure.
  Un chien, petit de corps, fidelle creature,
  Arreste bien au bois un sanglier escumeux.
Le petit ichneumon [3], à vengeance animeux,
  Oze bien se fourrer dedans la panse obscure
  Du grand brigand du Nil [4], et, d'une aspre morsure,
  Luy rompre à belles dents les intestins fumeux.

Il n'est si petit poil qui son ombre ne leve,

   Il n'est homme si bas qui ne nuyse et ne greve,

   Quelque grand ou puissant que soit son ennemy.

Toy donc qui des petits ne fais estat quelconcque,

   Pour te voir hault monté, sache qu'il ne fut oncque

   Ny d'ennemy leger, ny de petit amy.

---

1. Ce mot était alors de deux syllabes. Agrippa d'Aubigné a dit dans ses *Tragiques* :

   La bauge du sanglier, du cerf la reposée.

2. Même observation.

3. L'*ichneumon* ou *mangouste,* vulgairement appelé *rat de Pharaon,* est un petit animal carnassier qu'on trouve en Égypte et qui se nourrit de reptiles, de rats et de souris ; il est surtout très-adroit à déterrer et à sucer les œufs du crocodile ; il nage et plonge comme une loutre, ce qui lui permet de se nourrir de poisson. Il était vénéré chez les anciens Égyptiens, qui croyaient qu'il peut s'introduire dans la gueule du crocodile pour se nourrir de débris de nourriture et l'étouffer.

4. Du crocodile.

XXX

Festina lente.

(Hâte-toi lentement.)

Une tortue; au second plan, une course de barques; la barque qui est montée par un seul homme arrive la première.

Advancés-vous, mais lentement;
Qui va viste tombe aysement.

Es-tu d'humeur pesante, es-tu d'humeur hastive,
  S'il te convient haster, que ce soit lentement.
  S'il te faut retarder, que ce retardement
  Tousjours aye à costé la promptitude active.
La tortue à marcher est trop lente et tardive.
  L'aisle est trop prompte et souple à voler vistement.
  De ces deux joints ensemble en beau temperament
  Aux affaires du monde un beau succés arrive.
Fuis la soudaineté, elle est aveugle et nuit.
  Fuis la tardiveté, elle est sourde et ne bruit
  Que l'Estat offencé n'ait souffert de la honte.
Ny trop prompt, ny trop lent. Tandis que les Romains
  Minutoient au Senat s'ilz deffendroient Sagunte[1],
  Sagunte se rendit aux Pœnois[2] inhumains.

---

1. Rome et Carthage vivaient en paix, à la suite d'un traité

qui avait mis fin à la première guerre punique, et dont l'une des clauses garantissait l'indépendance de Sagonte, ville gréco-latine d'Espagne, au sud de l'Èbre. Annibal, à la tête d'une armée de 150,000 hommes, vint assiéger cette ville, qui dut se rendre après une résistance désespérée de huit mois (219 ans av. J.-C.). Telle fut la cause de la seconde guerre punique.

2. Carthaginois.

XXXI

Assentator.

(Flatteur.)

Un caméléon.

Quiconque est menteur ou flatteur
De libre devient serviteur.

Flatteurs, monstres doués d'ame et de face humaine,
Et serpents venimeux dez le nombril en bas,
Au laid cameleon ne ressemblés-vous pas,
Qui reçoit en son corps toute couleur prochaine?
Cæsar va il desceint, la ceinteure vous penne.
Neron des belles voix ayme il les esbats,
Au doux air des chansons sont vos plus doux appas,
Et dictes que son chant est un chant de sireine.
Le Roy veut-il manger, vous avés appetit.
Le Roy veut-il chommer, vous dormés un petit.
Le Roy est-il fasché, vous estes en ombrage.

Lasches guenons de cour, esprits peu relevés,
  N'estes-vous pas bien folz de vivre en tel servage
  Pour quelque doux soubris que vous en recevés?

XXXII

Dant ardua laudem.

(Les labeurs pénibles engendrent la gloire.)

Un casque sur une panoplie.

Les haults desseins comblent d'honneur
Quiconcque en est l'entrepreneur.

Dedans des lits muscqués, parmy les vains appas
  De la molle Venus, entre les damoiselles,
  Les theatres, les jeux, les dances macquerélles,
  Les festins et les bains, l'honneur ne s'acquiert pas.
Le voulés-vous trouver, ne cerchés les esbats,
  Mais plustost le labeur des neuf doctes pucelles,
  Aux desseins glorieux, aux batailles cruelles,
  Sous l'ardeur du soleil, parmy les chauds combats.

12

Tant de glaives trenchants, tant d'armes estoffées,
De traits, de javelots, pendus come trophées,
Sont les vrays escussons des hommes genereux.
Alexandre par là entreprit ses conquestes,
Et le contentement des louanges parfaictes
Procede seulement des actes valeureux.

●

XXXIII

Virginitas fera quæque domat.

(La virginité dompte tout ce qui est féroce.)

Un cheval-licorne que caresse une belle dame [1]
en riche costume du temps.

(Le texte de ce sonnet a été déchiré.)

---

1. Madeleine de Bauffremont, sans doute, car cette figure
essemble beaucoup à celle de l'estampe qui accompagne le
nnet LV.

XXXIV

Allicit ut perdat.

(Elle vous attire pour vous perdre.)

Au milieu d'un désert, un léopard entouré d'un
lapin, d'un lézard, d'une tortue, d'un bœuf et d'un
mouton.

> La volupté attire l'homme,
> Puis après elle le consomme.

On dict qu'une lamie[1] ez grands chemins d'Affricque,
   Descouvrant ses tetins beaux en perfection,
   Attire les passans à son affection,
   Leurs offrant les baisers de sa bouche impudicque.
Puis, ayant assovit son appetit lubricque,
   Ceste infame, confite en toute infection,
   Pour leurs juste loyer de leurs conjunction,
   Les tue et repaist d'eux son ventre famelicque.
La gloutte paillairdise en ses allechements
   Donne à ses amoureux de telz embrassements,
   Du malheur des humains la feconde Pandore,

Voire aprés le parfum de ses accoustrements,
  Comme un parde ² *emmuscqué attire ses amants,*
  Que surpris de la sorte elle tue et devore.

---

1. Être fabuleux qu'on représentait ordinairement avec une tête de femme et un corps de serpent.
2. Léopard, panthère.

XXXV

Te reprimente fugit, te fugiente premit.

(Fais-lui tête, il fuit ;
Fuis, il te poursuit.)

Un fleuve (le Nil) au bord duquel un crocodile poursuit un homme ; au second plan, des obélisques ; à côté du crocodile, une espèce de dragon (le basilic) qui fuit l'homme.

L'honneur fuit le superbe et suit
Celuy qui le hait et le fuit ¹.

Du Nil egiptien le pleurard cocodrille
  Fuit ordinairement le brave qui le suit,
  Suit ordinairement le peureux qui le fuit
  Et contre luy se monstre au combat mal habile.

La gloire en est de mesme, et son ombre labile [2]
  Fuit les ambitieux que son lustre seduit ;
  Et ceux qui prisent moins le populaire bruit
  Et fuyent [3] *ses grandeurs, elle suit file à file.*
Les soldats mutinés feirent tomber ez mains
  Du grand Jovinian [4] *le sceptre des Romains,*
  Quand moins il aspiroit à ce grade honorable.
Ambitieux humains, les honneurs vous suyvront
  Si vous le merités ; mais quel plus grand affront
  Que d'avoir de l'honneur et n'en estre capable ?

---

1.   Ainsy la sourde mort fuit celuy qui la suit,
      Et suit sans y penser celuy-là qui la fuit.

          (*Le Mespris de la vie et Consolation contre la mort,*
                sonnet CXXXIV, p. 120.)

      Parmy tant de destours, il faut prendre carriere
      Jusqu'au fort de la mort, et, *fuyant en arriere,*
      Nous ne fuyons pourtant le trespas qui nous suit.
      Allons-y à regret, l'Eternel nous y traine,
      Allons-y de bon cueur, son vouloir nous y meine :
      Plustost qu'estre traisné, mieus vaut estre conduit.

              (*Ibidem.* Sonnet XVᵉ, page 32.)

  2. Caduque, du latin *labilis.*
  3. Ce mot représente deux syllabes, c'est-à-dire que la syl-
labe muette doit être prononcée.
  4. Chassignet veut parler de Jovien (*Flavius-Claudius-Jovia-
nius*), qui fut acclamé empereur romain par les légions, en 363
ap. J.-C. Jovian eût été plus correct. Chassignet confond, sans
doute, le nom de cet empereur avec celui du moine hérétique
Jovinien, qui vivait au IVᵉ siècle.

XXXVI

Hostia grata Deo.

(Victime agréable à Dieu.)

Un cœur enflammé sur un autel.

A Dieu plaisante est la victime
Du cœur repurgé de tout crime.

Non, ce n'est pas assez d'adorer la peinteure,
    De parfumer d'encens la cœleste maison,
    De redire en tout temps une mesme oraison
    Et parer de flambeaux toute une sepulture :
Il faut encore avoir la conscience pure,
    Tenir ses sens reglés au veuil [1] de la raison,
    S'abstenir de mal faire et donner à saison
    Aux pauvres souffreteux habit et nourriture.
La foy dedans nos cœurs sa demeurance fait;
    Si celuy-là n'est pur, tout le reste est infect,
    Ne sortant rien de doux d'une racine amere.
Le cœur, d'avoir peché langoureux et dolent,
    Et neantmoins d'amour à toute heure bruslant,
    Est la victime à Dieu sur toutes la plus chere.

---

1. A la volonté.

XXXVII

Parent his cuncta duobus.

(Tout obéit à ces deux maîtres.)

Une clef et une épée placées perpendiculairement.

Aaron fut frere de Moyse.
Le roy au pape fraternise.

A l'espée, à la clef, prestent obeissance
  Toutes les nations de ce vaste univers,
  Et, combien que ces deux soient instruments divers,
  L'un et l'autre en tout temps se portent assistance.
Selon qu'elle refuse ou donne l'indulgence,
  La clef ferme les cieux et les retient ouvers,
  L'espée est en vengeance aux meschants et pervers
  Qui ne veuillent de Dieu embrasser l'ordonnance.
Si l'espée et la clef sont en mesmes accords,
  Ilz tiennent en devoir les ames et les corps
  Et font que dessous eux toute chose prospere.
Mais, si l'un dessus l'autre entreprend hors du sien,
  Ilz causent bien autant de perte et de misere
  Que leurs accord souloit [1] *nous apporter de bien.*

---

1. Avait coutume.

XXXVIII

Nequit prævisus obesse.

(Danger prévu ne peut nuire.)

Un vieillard qui se cramponne à un globe (le monde); la mort le perce d'un coup de lance; au premier plan, une espèce de dragon (le basilic). — *P. de Loysi fecit.*

> Si le premier tu vois la mort,
> Tu te riras de son effort.

Penser et repenser maintesfois à la mort,
  Du fidelle chrestien c'est la philosophie.
  Par elle de Sathan les charmes il deffie,
  Par elle de la chair il rebouche l'effort.
Contre le monde vain ce penser le tient fort,
  Et, bien que mort en soy le corps il mortifie,
  De l'espoir du futur l'esprit il vivifie,
  Et contre la mort mesme il luy sert de renfort.
La mort est comparable à l'œil du basilicque :
  S'il te voit le premier, tu mourras sans replicque;
  Tu vis, si le dernier tu es veu de ses yeux.
Paravant que la mort te vienne à l'impourveue,
  Jette souventesfois dessus elle la veue :
  Tu mourras en la terre et revivras és cieux.

XXXIX

Habet fortuna regressum.

(La fortune a des retours.)

Un cube plein d'eau, dans lequel la lune se re-
flète. La nuit est noire et cependant des étoiles brill-
lent au ciel. Près du cube un tronc d'arbre qui re-
verdit.

> Ne despere ¹ point, la fortune
> N'est en son malheur toujours une.

Ne desespere point, toy que l'adversité
  Revest d'un habit noir ; l'inconstante fortune
  A son retour en mieux, et sa roue importune
  Ne roule longuement en mesme esgalité.
La lune ainsi reçoit de la diversité,
  Tous les mois elle change, et n'est pas tousjours une ;
  Or demie, ore plenne, esclairant la nuict brune,
  Elle n'a point d'arrest en sa mobilité.
Le soleil au matin commençant sa carriere
  A veu tel incongneu ramper en la poussiere
  Qui tenoit sur le soir les principaux honneurs.

Nostre imager se plait à nous faire et deffaire,
  Et par tout l'univers rien n'est tant ordinaire
  Que de voir aux malheurs succeder les bonsheurs.

---

1. Du latin *desperare*; notre poète se sert indifféremment des deux formes dans le même sonnet.

XL

Si jacet aura, tacet.

(Quand le vent tombe, il s'arrête.)

Un moulin à vent; au second plan, deux cavaliers, dont l'un montre du doigt un postillon qui fait halte et s'essuie le front, parce que la brise est tombée.

Nuysible est l'air de la louange,
Qui d'hommes en bestes nous change.

Plusieurs, aux doux accents d'une louange inique,
  Adorent du serpent les appas terrien(s),
  Ainsi comme autresfois les Babiloniens
  Adoroient leurs idole au son de la musicque.
Clos l'oreille à la voix doucement tyrannicque [1]
  Des flatteurs mensongers, les vrays magiciens,
  Qui garrottent ton cœur d'insensibles lyens
  Et te font adorer le vice fantasticque.

Homme vain, tonneau creux qui ne donne ton vin
   Qui ne te baille vent, à quoy cest orgueil vain?
   Quel proffit te revient d'une louange indigne?
Veux-tu vivre semblable à ces moulins à vent,
   Qui, cois, sans se torner, ne font point de farine,
   Si les vents irrités ne les vont esmouvant.

---

1. Il y a, dans les admirables *Chansons des Rues et des Bois* de Victor Hugo, un mouvement pareil :

> Fuis l'éden des anges déchus ;
> Ami, prends garde aux belles filles ;
> Redoute à Paris les fichus,
> Redoute à Madrid les mantilles.
> Etc.

XLI

Invento stercore cantat.

(Il chante lorsqu'il a trouvé un fumier.)

Un coq qui caquette sur un fumier, parce qu'il aperçoit
un ver de terre.

> Le mocqueur aux vices prend garde
> Et les vertus onc [1] ne regarde.

Non pas sur le cristal d'un miroir esclattant,
   Non pas sur le poli d'une table marbrine,
   Non pas sur le brillant d'une piece yvoirine,
   Mais bien sur un fumier l'orde [2] mouche s'estend.

Si dans nos corps pourris quelque ulcere est flottant,
  Là mord du mesdisant la langue serpentine,
  Mais sur le diamant de la vertu divine,
  Il n'a pas le pouvoir de s'aller arrestant.
C'est un chien de hault né qui ne flaire et n'esvente
  Que l'ordure du vice et perd vent en la sente
  Des belles qualités qui font l'homme parfait.
Le coq, dans un fumier, sur une perle nette,
  Passe sans mener bruit, et cacquaille et cacquette
  Au rencontre ³ puant de quelque vers infect.

---

1. Jamais.
2. Voir la note 1 du sonnet II.
3. Ce mot est resté masculin dans la langue du blason.

XLII

Post mortem tantum bonus est.

(Il ne vaut quelque chose qu'après sa mort.)

Un sanglier. *P. D. L.*

Ne sois point ainsi que le porc,
Qui ne vaut rien ¹ qu'après sa mort.

Brave empereur romain, genereux Alexandre,
  Sur qui la convoitise eut si peu de pouvoir

Qu'à la perte des tiens tu ne voulus onc[2] voir

Ton thresort ny ton fiscq en richesse s'estendre,

Que sert de tout ravir, tout amasser, tout prendre,

Et, n'osant au besoing user de son avoir,

Ne rendre rien du tout à ceux que le devoir

Nous commande d'ayder, nous ordonne d'entendre?

Avares malheureux qui malheureusement

Vivés en pauvreté pour mourir richement,

Quelle cupidité l'entendement vous brouille,

Si, vivants comme porcs, vous ne servés de rien?

Les pourceaux en mourant ont pour le moin ce bien

Que chacun y prend part et court à la despouille.

---

1. Quelque chose.
2. Jamais.

XLIII

Scribunt in marmore læsi.

(Ceux qu'on offense écrivent sur le marbre.)

Une main qui sort d'un nuage, écrit ce mot :
Lusmintulus[1] ? sur un bloc de marbre.

L'on ne ne souvient que du mal,
Le tort fait s'escrit au metail[2].

Lisés et relisés les monuments anticques :
    Vous trouverés des roys ez siecles anciens
    Avoir estés tués de simples citoyens,
    Indignement traictés de leurs grandeurs iniques.
Pour estre grands seigneurs en pompes magnificques,
    Tenir bancque d'escus, estre grands terriens[3],
    Le droict ne vous permet, par injustes moyens,
    D'oppresser les petits qui sont vos juridicques.
A plus forte raison, ne vous est-il permis
    De violenter ceux qui ne vous sont soubmis,
    Les vexer, les fouler, les presser comme fange.
Petit poil a son ombre, et le cœur brave et hault,

Traicté d'un plus puissant autrement qu'il ne faut,
Escrit dedans le marbre et tost ou tard se vange 4.

---

1. Nous n'avons pu trouver ce mot dans aucun dictionnaire.
Le graveur a peut-être voulu mettre en abrégé *jus minusculum*,
le droit des petits.

2. Le manuscrit porte en marge :

> L'amour ne regne plus au monde,
> Et le bienfait s'escrit en l'onde.

Ces quatre vers n'appartiennent pas à notre poète, ils sont de
Jean Bertaut, édition de 1620, p. 477 :

> On ne se souvient que du mal,
> L'ingratitude regne au monde.
> L'injure se grave en metal,
> Et le bienfait s'escrit en l'onde.

3. Grands possesseurs de terres.
4. Voyez le sonnet LXI.

XLIV

Cura sui.

(Le soin de soi.)

Un renard qui se cache d'un loup derrière une plante :
la scille 1.

> Une vie, une mort seconde
> Vous reste après la fin du monde.

Quand la nuit en chemin surprend le caut renard,
S'il juge ne pouvoir regaigner sa taniere,

Pour n'estre des louveaux la proye² carnaciere,

    Sous la squille qu'il cerche il se cache à l'escart,

Sachant bien que le loup, sous un si fort rampart,

    Ne viendra l'englouttir en sa gorge meurtriere³,

    Tant il abhorre et fuit ceste herbe singuliere

    Qu'il ne peut œillader⁴ que d'un mauvais regard.

A nous, vrays pelerins qui voyageons au monde,

    Et ne pouvons, surpris de sa noirceur profonde,

    Gaigner à temps le ciel, nostre sejour natal,

La priere et le jeusne est la squille nouvelle

    Qui nous sauve aysement de ce loup infernal,

    Si nous nous mettons d'heure⁵ à couvert dessous elle.

---

1. La squille ou plutôt la scille, oignon marin (du latin *scilla* ou *squilla*), avait autrefois la réputation de conjurer le démon et les maléfices. J'ai relevé dans un épitomé de médecine, manuscrit du XVᵉ siècle, les passages suivants : *Item corallis si teneatur in domo solvit omnia malefitia. Item sanguis canis illinitus omnibus parietibus domus in qua est malefitium tollit ipsum. Item squilla integra in limine domus suspensa tollit malefitium.* (Le corail qu'on conserve dans les maisons conjure le maléfice. Il en est de même du sang de chien dont on enduit les murs d'une maison. La squille entière suspendue sur le seuil de la maison a le même pouvoir.) Le corail est encore actuellement considéré, en Italie, comme un talisman.

2. Ce mot représente deux syllabes, c'est-à-dire que l'e muet doit être prononcé.

3. Ce mot ne représente que deux syllabes.

4. Regarder.

5. De bonne heure.

XLV

Hanc spero.

(Celle-là j'espère.)

Une jeune femme de la maison de Pontailler[1], en riche costume de l'époque, tient dans sa main droite une couronne.

> Tout esbat est illegitime,
> Si le chaste hymen ne l'anime.

Veritable rapport des beautés de Cythere[2],
  Autant belle en dedans que naifve en dehors,
  Theatre où les vertus estalent leurs thresorts
  Et rendent à l'honneur le vice tributaire,
Si du myrthe nopcier votre jeunesse espere
  Les plaisirs attachés ès mutuels accords
  Qu'hymen seme ès esprits et fait germer ès corps
  De deux chastes amants que mesme flame altere,
Puissiés-vous rencontrer un brave cavalier
  Qui, repeuplant en vous l'estoc[3] de Pontaillier,
  Vous rende de beaux filz mere heureuse et feconde,

Et fasse autant d'estat de vos perfections
Que vostre bel esprit oblige tout le monde
A vous faire present de ses affections 4.

---

1. La maison de Pontailler, dont les armes étaient : *de gueules au lion d'or, couronné de même, armé et lampassé d'azur,* s'est éteinte, comme celle de Vergy, au XVIIᵉ siècle, en Claude-François de Pontailler, qui n'eut qu'une fille, mariée à Jean-Baptiste de Cléron.

Anne, l'une des sœurs de Clériadus de Vergy, mariée, en 1589, à Jean-Louis de Pontailler, eut deux filles : 1º Claude-Renée, épouse de Clériadus de Marmier, seigneur de Gâtey, baron de Talmay ; 2º Diane, mariée à Louis de Clermont-d'Amboise, marquis de Reynel. Cette estampe et ce sonnet se rapportent probablement à l'une de ces deux nièces de Clériadus de Vergy. Laquelle? Je l'ignore. Petit problème historique, insoluble sans doute.

2. Ile de la mer de Crète, consacrée à Vénus. Cette déesse y avait un temple magnifique, et en tirait son surnom de *Cythérée*. C'est aujourd'hui Cérigo.

> Tout homme qui vieillit est ce roc solitaire
> Et triste, Cérigo, qui fut jadis Cythère.
>
> (VICTOR HUGO. *Les Contemplations.*)

3. Race.

4. C'est le cas de s'écrier avec Philinte :

> Ah! qu'en termes galants ces choses-là sont mises!
>
> (MOLIÈRE. *Le Misanthrope*, acte I, scène II.)

XLVI

In pullum si rumpitur, exit.

(Le poussin sort de sa coque lorsqu'elle est brisée.)

Des poussins placés dans une corbeille sortent de leur coque. Au second plan, une ferme auprès de laquelle un berger garde son troupeau.

> Si le corps au tombeau ne giste,
> Jamais l'homme ne ressuscite.

Soudain que de la mort on tient quelque langage,
   Tu frissonne, couard, comme si ceste mort
   Pour aller aux enfers estoit plustost l'abord
   Que pour voler au ciel un asseuré passage.
Si l'abry de la mort ne te servoit de plage
   Que seroit-ce de toy qu'un vaisseau qui va fort,
   Qui vogue, et, d'heure à autre, avoysinant le port,
   Ne peut anchrer au port ny seurgir au rivage?
Si laide n'est la mort comme on nous la depeint.
   La femme en a frayeur, mais l'homme ne la craint,
   Comme celuy qui sçait si la cocque ne brise
Que les petits poulets ne peuvent sortir hors,
   Et que, pour restablir nos ames en franchise,
   Il faut aussy briser les prisons de ce corps.

XLVII

Fumant quando acrius ardent.

(Ils fument lorsqu'ils brûlent le plus.)

Deux morceaux de bois qui brûlent en fumant.

La nue opposée au soleil
Le rend plus chaud et plus vermeil.

Ce tison jeune et vert, sur les andiers posé,
 A bien plus de fumiere et chauffe davantage.
 Le soleil monstre bien un plus luysant visage,
 Ayant donné la chasse au nuage opposé.
Le courroux quelquesfois à dessein composé
 Entre un pair amoureux qu'amour tient en servage
 Fait qu'il s'ayme plus fort après que cest orage
 S'est calmé doucement en leurs cœur reposé.
L'amour qui coule et va tousjours de mesme sorte
 Tant de contentements aux jeunes gents n'apporte
 Que s'il n'y survenoit quelque dissension,
Et tel joint à sa femme estoit bien avec elle
 Qui cerche sans sujet matiere de querelle
 Pour avoir le plaisir de la rejunction.

XLVIII

Ingluvies facit ore culum.

(La gourmandise fait de la bouche le cul.)

Un homme qui vomit auprès d'une taverne. Un autre homme cherche à relever l'ivrogne et lui montre du doigt un cyprès.

> La sale gourmandise en l'homme
> Est ce qui plus viste l'assomme.

Fuyés, hommes chrestiens, fuyés la gourmandise,
*   Et que le fol desir de trop boire de vin*
*   Ne vous fasse estouffer ce rayon tout divin*
*   Qui sur les animaux vous donne la maistrise.*
La personne de vin infamement surprise,
*   Au ventre boursoufflé comme un gros tabourin,*
*   Au souffle ord [1] et punais, à l'œil incarnatin,*
*   Qu'est-ce qu'un sale esgoust de toute puantise?*
Son four sans cesse cuit, son moulin tousjours meut.
*   Puis, quant il est si plein que son moulin ne peut*
*   Ny son four cuire assés ou moudre pour sa gorge,*

Ce gourmand ceint de pampre au lieu du verd laurier
Fait-il pas que sa bouche, alors qu'elle regorge,
Usurpe indignement l'office du derrier ²?

---

1. Voir la note 1 du sonnet II.
2. Rime normande.

XLIX

Hospes alipes opes.

(Hôte, qui a des ailes aux pieds, richesses.)

Un vase ailé et plein d'écus.

Les biens s'en vont d'un viste pas,
Et partant ne t'y fonde pas.

Ne t'arreste, mondain, és tresors de ce monde :
Ce ne sont qu'excrements ¹ que la terre produit,
Que longtemps le soleil a sous terre recuit,
Avant que les tirer de leurs mine profonde.
La possession d'eux, plus coulante que l'onde,
Passe de main à autre et plus viste s'enfuit
Que l'oiseau passager qui n'a d'autre deduit ²
Qu'à roder les pays de la machine ronde.

Crois-moy, le bien du monde est un hoste leger.
  Qui n'est si tost venu qu'il pense à desloger
  Et laisse à son despart un regret perdurable.
Heureux qui le reçoit comme l'hoste d'un jour,
  Qui se met au matin comme un autre à la table,
  Et, le soir arrivé, fait ailleurs son sejour.

---

1. Ce mot est pris ici dans le sens latin de *débris*.
2. Plaisir.

L

Attrahit ut magnes.

(Elle attire comme l'aimant.)

Une main qui tient un morceau de calamite,
  lequel attire une tige de fer.

La justice à soy sans mot dire
Ainsi qu'un aimant nous attire.

Gouvernés, præsidés aux Arabes felons,
  Dominés, commandés les Turcz et les Tartares,
  Les Moscovites fiers et les Scythes avares,
  Incessamment battus des frilleux Aquilons,

Les Arabes, les Turcs, les Scythes, les Gelons,
   Si vous faites justice et n'estes point ignares,
   Despouillants aussy tost leurs naturels barbares,
   Suyvront obeissants l'ombre de vos talons.
Princes, notés cecy : l'homme est né raisonnable,
   Fuyant l'oppression, comme estant compagnable,
   Qui courbe voluntiers sous un juste seigneur.
Et n'est si naturel voire à la calamithe
   D'attraire à soy le fer qu'au Romain et au Scythe
   D'embrasser la justice et luy porter honneur.

L I

Ante monet.

(Il avertit d'abord.)

Une grande étoile.

Dieu nous admoneste premier
Que de battre il soit coustumier.

Bel astre chevelu qui tristement præsage
   És peuples divisés de l'alteration,
   Changements és estats, és loix mutation,
   Desordre en la justice, en la foy du naufrage [1],

Ces crins de sangs esparts autour de ton visage,
  Sont-ce pas les fourriers[2] de l'indignation
  Que Dieu souffle et respand sur nostre nation
  Qui s'obstine en sa faute et n'en devient plus sage?
Empereurs, princes, roys, la comette reluit[3].
  Retournés-vous à Dieu[4], mort et perte vous suit.
  Demandés-luy pardon, votre gloire se passe.
Mais n'es-tu pas, Seigneur, tres-patient et doux,
  Qui pour nous amender longuement nous menace,
  Avant que de lascher ta verge dessus nous?

---

1. Du naufrage en la foy : inversion par trop forte.
2. Les avant-coureurs.
3. Dans son *Oraison funèbre* de Clériadus de Vergy, Antoine Brun dit qu'en 1621, année de la mort de l'archiduc Albert, il y eut une comète qu'on aperçut pendant « *six sepmaines entieres* ». Cette estampe a donc été gravée et ce sonnet écrit, selon toute probabilité, en 1621. (*Mémoires de la Société d'émulation du Jura*, année 1873, p. 345.)
4. Revenez à Dieu.

LII

Vincitur et vincit.

(Il est vaincu et il vainc.)

Un éléphant, à côté d'un dattier, combat un serpent. Le serpent plonge sa tête dans la trompe de l'éléphant.

> Tousjours la faction civile
> Desordonne toute une ville.

Quand le dragon bouffit d'une rage inhumaine
  Au grossier elephant presente le combat,
  Il le presse, il l'estreint, il l'estrive, il le bat,
  Charge son ennemy que rudement il meine.
Se fourrant à la fin au tuyau de l'haleine,
  Faute de respirer l'elephant il abat,
  Qui se venge en tombant de celuy qui le bat,
  Que de sa pesanteur il escraze en la plaine.
Factieux citoyens qui, divisés en deux,
  Vous livrés tous les jours mille combats hydeux,
  Quel fruict esperés-vous de vos guerres civiles?
La mort de vostre estat, voire vos propres morts,
  Le desgast de vos champs et le sac de vos villes,
  Seront-ce pas le prix de vos fascheux discors?

Ne soyez point menteurs ny traistres
on ne peut servir à deux maistres
Regarde de choisir ou la paix ou la guerre,
Tu ne sçaurois hausser l'uy sans l'autre tes yeux
L'ug ne se peut dresser vers la voute des cieux
En mesme temps que l'autre est penché vers la terre
    Tu ne sçaurois servir au grand Lanet tonnerre
    Et rendre ug vil hommage au diable captieur
    Le cœur n'est divisible et s'il vise en deux lieux
    Sans resolution inconstamment il erre
La vie avec la mort, la chair avec l'esprit
La nuict avec le iour, Sathan avec le Christ
La terre avec le ciel n'a point de convenance
    Ou sois du tout au diable ou tout au Dieu hault haulte
    L'estomach renomit l'eau tiede qui l'offence
    Le breuvage qui plaist est tout froid ou tout chaud

Specimen réduit de l'écriture du manuscrit des Sonnets Franc-Comtois, sonnet LIII.

LIII

Nemo potest dominis servire duobus.

(Nul ne peut servir deux maîtres.)

Une tête d'homme sur un cube; l'œil droit regarde
le ciel, l'œil gauche la terre; à gauche, un homme,
dont le front est soutenu par une femme, vomit; à
droite, un enfant donne la main droite à un ange et
la main gauche à Satan : une jeune femme ailée dont
le front a des cornes, et qui, sous sa robe, laisse passer son pied d'oiseau de proie.

<blockquote>
Ne soyés point menteurs ny traistres :
On ne peut servir à deux maistres [1].
</blockquote>

Regarde de choisir ou la paix ou la guerre.
 Tu ne sçaurois hausser l'un sans l'autre tes yeux;
 L'un ne se peut dresser vers la voute des cieux
 En mesme temps que l'autre est penché vers la terre.
Tu ne sçaurois servir au grand lance-tonnerre [2]
 Et rendre un vil hommage au diable captieux.
 Le cœur n'est divisible, et, s'il vise en deux lieux,
 Sans resolution inconstamment il erre.

La vie avec la mort, la chair avec l'esprit,
La nuict avec le jour, Sathan avec le Christ,
La terre avec le ciel n'a point de convenance.
Ou sois du tout au diable ou tout au Dieu tres-hault.
L'estomach revomit l'eau tiede qui l'offence 3 :
Le breuvage qui plait est tout froid ou tout chaud.

---

1. Latinisme.
2. A Dieu.
3. A ceux qui jugeraient cette image grossière ou trop hardie je rappellerai ces vers de Victor Hugo :

> Si le passé devait revenir, si l'eau noire,
> Vomie, était rendue à l'homme pour la boire.
>
> (*L'Année terrible.* Juillet 1871.)

Ce qui signifie que le progrès est chose acquise pour l'humanité, qu'un retour aux siècles barbares est impossible.

LIV

Perculsa repercutit.

(Frappée, elle repousse.)

Une enclume sur laquelle s'abat un marteau tenu
par une main qui sort d'un nuage.

L'enclume repousse fidelle
Le coup qui la bat et martelle.

Battés et rebattés ceste enclume massive
    A grands coups de marteaux, chetifs, ah! pensés-vous [1]
    Qu'elle ne rompra pas vos marteaux et vos coups,
    Ferme sans esbranler sa grosseur excessive?
Ce comte porte-paix [2], la ressemblance vive
    De ceux dont il descend, froisse ainsi le courroux,
    Brise ainsi les efforts de ses haineux jaloux,
    Et rompt du sort mutin la puissance restive.
Les deffaictes, les morts, les malheurs courroucés
    Ne sont que vains marteaux à l'instant repoussés,
    Qu'ilz viennent à frapper sur ceste enclume forte,

Qui tousjours une et mesme en la prosperité,
Sans varier 3 de face en la calamité,
Tousjours semblable à soy mesme visage porte.

---

1. N'estimeriez-vous pas les pelerins bien fous,
   Qui vont sans sçavoir où? Chetifs, ah! pensiés-vous
   N'arriver jamais là * où vous couriez sans cesse?

   (*Le Mespris de la vie et Consolation contre la mort.*
   Sonnet CXLI, p. 124.)

Je pourrais multiplier ces rapprochements qui prouvent que les vers que je publie ne peuvent être que de Jean-Baptiste Chassignet. Je me contenterai d'engager le lecteur à se rendre compte par lui-même du recueil auquel je viens d'emprunter ces trois vers.

2. Clériadus de Vergy.
3. Allusion à la devise des Vergy : *Sans varier Vergy.*

* A la mort.

LV

Concipio sterilis parioque.

(Stérile, je conçois et j'enfante.)

La Vierge, sous les traits de Madeleine de Bauffremont, tient sur ses genoux l'Enfant Jésus auquel saint
Jean-Baptiste tend les bras. Au fond, un autel. A
gauche, un amour qui vole en lançant des flèches ;
à droite, un enfant ailé qui tient suspendu l'écusson
de Madeleine de Bauffremont auprès de laquelle sont
deux de ses dames d'honneur ; l'une d'elles porte en
main une fleur à trois tiges et aux trois quintefeuilles
des armes de Vergy. *P. D. L.*

Sterile, je remplis le monde
D'une race en vertus fœconde.

Je [1] *faisois tous les jours, bruslant d'affection,*
  Envers mon cher espoux quelque plainte nouvelle,
  Voyant que ce corps mien à mon amour fidelle
  Desnioit le doux fruict de la conception.
L'esprit ayant pitié de mon affliction :
  « Courage, me dict-il, je veux qu'a ta mammelle
  Pende bien desormais une race plus belle
  Qui soit marcquée au sceau de ma perfection. »

Et tout incontinent l'honneur et la sagesse,

    L'amour et la bonté, la grace et la caresse,

    Ainsi qu'enfants jumeaux nasquirent de mon sein,

Qui tous en tout pareils à leurs mere fœconde,

    Sevrés de mes tetins [2]*, repeupleront soudain*

    De ces belles vertus tout le reste du monde.

---

1. Madeleine de Bauffremont, femme de Clériadus de Vergy, était stérile. C'est elle qui parle par la bouche du poète.

2. Ce mot, qui ne s'emploie plus en poésie, était alors assez en usage. Ronsard a dit :

> Qu'il me soit arraché des tetins de sa mere,
> Ce jeune enfant Amour, et qu'il me soit rendu ;
> Il ne fait que de naistre et m'a desja perdu ;
> Vienne quelque marchand, je le mets à l'enchere.

Poésies pour Hélène (de Surgères, fille d'honneur de la reine-mère Catherine de Médicis).

LVI

Moriendo prospicit ortum.

(En mourant il regarde l'Orient.)

Un cerf percé d'une flèche.

Mourons comme un cerf eslevant
Ses yeux vers le soleil levant.

Hommes malitieux qui ne daignés, hélas !

    Pris aux reths de Sathan qui contre vous bataille,

Arracher de vos yeux une larme qui vaille,

Vous impetrer [1] *mercy et vous donner soulas* [2],

Considerés le cerf enrethé dans les las

Du limier qui le court, du veneur qui l'assaille :

Il pleure, apprehendant que bien tost il ne faille

Qu'il preste le costé au fer du coutelas.

Puis, estant aux abois, ceste gentile beste

Tousjours droict au levant hausse et torne la teste,

Qu'il [3] *regarde en quittant la lumiere des cieux.*

A quel plus beau levant, hommes pleins de malice,

Pouvés-vous eslever et le cœur et les yeux,

Quand il vous faut mourir, qu'au soleil de justice [4]*?*

---

1. Obtenir.
2. Soulagement, consolation.
3. Ce *qu'il* se rapporte à *levant*.
4. Chassignet avait déjà traité ce sujet dans *le Mespris de la vie et Consolation contre la mort*, sonnet CXXXII, p. 119 :

> Le cerf abandonné à la troupe aboyante
> Des chasseurs et des chiens, qui, de cris et de vois,
> Le poursuit par les chams, le presse par les bois,
> Et, de prés et de loing, l'estonne et l'espouvante ;
>
> Mordu des chaus limiers, quand la fuitte mouvante
> Ne luy sert plus de rien, hallenant* et panthois,
> De depit il larmoye et ne rend les abois
> Qu'il ne tourne au Levant la teste languissante.
>
> Chrestiens mal-advisez, courus de toutes pars
> Du monde et de la chair, en eternels hasars
> De souffrir de la mort les aiguillons funebres,
>
> Au lieu de contempler ce bel astre riant
> Qui, pour votre salut, s'esclate d'Orient,
> Vous vous esjouissez seulement aux tenebres.

Ces deux beaux sonnets me remettent en mémoire le récit

* Haletant.

suivant, extrait du *Voyage à l'île de France,* de Bernardin de Saint-Pierre :

« Entre les deux embouchures de la Rivière-Noire, un cerf, poursuivi par des chiens et des chasseurs, vint droit à moi. Il pleurait et bramait; ne pouvant pas le sauver, et ne voulant pas le tuer, je tirai un de mes coups en l'air. Il fut se jeter à l'eau, où les chiens en vinrent à bout. Pline observe que cet animal, pressé par une meute, vient se jeter à la merci de l'homme. »

Il m'a paru intéressant de reproduire aussi la fable de La Fontaine :

LE CERF ET LA VIGNE

Un cerf, à la faveur d'une vigne fort haute,
Et telle qu'on en voit en de certains climats,
S'étant mis à couvert et sauvé du trépas,
Les veneurs, pour ce coup, croyoient leurs chiens en faute;
Ils les rappellent donc. Le cerf, hors de danger,
Broute sa bienfaitrice : ingratitude extrême !
On l'entend, on retourne, on le fait déloger :
      Il vient mourir en ce lieu même.
« J'ai mérité, dit-il, ce juste châtiment :
Profitez-en, ingrats. » Il tombe en ce moment,
La meute en fait curée; il lui fut inutile
De pleurer aux veneurs à sa mort arrivés.

Vraie image de ceux qui profanent l'asile
      Qui les a conservés.

LVII

Cantat male gnara futuri.

(Elle chante, sans souci de l'avenir.)

Une cigale.

Travaille avant que la vieillesse
Sans pain et sans force te laisse.

Durant la rouge ardeur de l'esté bluetant,
   La cigale à chanter incessamment s'addonne ;
   Mais sent-elle venir le premier froid d'automne,
   A faute de rosée elle meurt à l'instant.
De mesme le jeusne homme en ses faits inconstant,
   Tandis que le printemps de son aage fleuronne [1],
   Saulte, gambade et rit, et rarement s'adonne
   A ce qui le peut rendre en viellesse content.
La farine à la fin sur ses temples chet-elle [2] :
   Voilà nostre cigale en misere nouvelle,
   Le jeune homme sans bien, sans sçavoir, sans maison.

Il vaut mieux en esté faire avec peu de penne,
  Ainsi que la fourmi, provision de graine,
  Afin de s'en nourrir en l'arriere-saison.

---

1. Réminiscence de Ronsard :

> **Tandis que votre aage fleuronne**
> **En sa plus verte nouveauté.**
>
> (*Ode d Cassandre.*)

2. Tombe-t-elle.

LVIII

Nutant quæ firma videntur.

(Ce qui paraît fixe est mobile.)

La terre suspendue dans l'espace.

> **Ce que tu pense estre bien ferme**
> **Arrive bien tost à son terme.**

Garde, pauvre mondain, que ton bien tu ne fonde
  Sur ce monde branslant en instabilité.
  Le monde est fait en rond, et la mobilité
  Ne se divise point de sa figure ronde.
Hausse plustost l'esprit sur la voute profonde
  Du grand ciel soustenu de l'immortalité.

Là loge le vray bien, là vit l'æternité
  Qui, fæconde en tout heur, en toute chose abonde.
Hors de là ce n'est rien de ce vague univers
  En ses membres plus grands que le bransle divers
  D'un roseau que l'orage importune sans cesse.
Si tu ne le retiens il tombe terrassé,
  Et, le serrant trop fort, le voilà fracassé,
  Et voila·quant et quant son-esclat qui te blesse.

LIX

Parcere subjectis.

(Il faut épargner ceux qui se soumettent.)

Un chasseur et ses deux chiens à genoux
devant un lion.

Pardonne à l'humble soucieux
Et dompte les audacieux.

Le lyon magnanime, à l'object du veneur
  Qui devant luy se plie et d'une voix humaine
  Luy demande mercy, sa cholere refræne,
  Et de luy faire mal æstime à deshonneur.

Le soldat courageux qui, brave entrepreneur,
L'ennemy teste à teste ose attendre en la plaine,
Tandis que la victoire erre comme incertaine,
Il brandit son espée et s'acquiert de l'honneur.
Mais l'ennemy fuit-il, aux fuyards il pardonne.
Voire si sa valeur un prisonnier luy donne,
Il se montre envers luy courtoisement humain.
Les goujats [1] *sont cruels à ceux qui sont à terre,*
Mais le soldat habile au mestier de la guerre
Dessus l'homme abbattu jamais ne met la main.

---

1. Valets d'armée.

LX

Nunquam bene tuta tyrannis [1].

(Le tyran n'est jamais en sûreté.)

Le courtisan Damoclès, assis à la table et en face de Denys le Tyran, qui lui a cédé sa place, aperçoit avec terreur, au-dessus de sa tête, une épée suspendue par un simple crin de cheval.

> Jamais, jamais la tyrannie
> N'est d'asseurance assez munie.

Juge-tu bien heureux le roy fier et haultain
Sur qui pendille à nud, pendant qu'il est à table,

Entre les mets friands, un glaive redoutable,
    Soustenu seulement d'un filet incertain?
Tel est le triste estat du tyran inhumain
    Qui n'a rien d'asseuré, de fidelle et de stable,

    A qui tout fait effroy, tout est espouvantable,
    Et qui mesme tousjours de la mort est prochain.
Prince, veux-tu regner sans soupçon et sans crainte,
    Ne donne à tes sujects occasion de plainte,

    Ne leurs oste leurs biens, leurs femmes, leurs honneur.
Crains sur tout d'estre craint; la peur sçait mieux esteindre
    L'amitié que la mort, et le fascheux seigneur
    Qui de beaucoup est craint beaucoup de gents doit craindre.

---

1. Le même sujet a été traité par Denys Le Bey de Batilly dans ses *Emblemata latina*, dessinés par J.-B. Boissard, antiquaire et poète bisontin, et gravés par Théodore de Bry. Francfort, 1593, in-4, p. 91.

Metus est plena tyrannis.

Damoclès à table avec Denys le Tyran, etc.

Assentatorem penso Dyonisio ense
Circunstent regem quanta pericula docet.
Si bonus est, positis vivet securior armis;
Si malus, instanti est proximus exitio.

LXI

Quo altior, eo fœdior.

(Plus il est haut, plus il paraît difforme et sale.)

Un singe, en présence d'un gentilhomme (Clériadus de Vergy ?), qui le regarde grimper sur un *oranger* (?) chargé de fruits.

> Plus le singe se guinde [1] en hault
> Et plus il monstre son deffaut.

Quand plus le singe en hault se hausse, guinde et monte
  Pour n'estre recongneut si difforme et si laid,
  Pour n'estre recongneut si beste comme il est,
  Plus il monstre le cul et descouvre sa honte.
L'ignorant qui se prise et d'autruy ne fait compte
  A beau vestir, mythré, l'habit du violet [2],
  S'encourtiner de pourpre, et, l'hermine au collet,
  Monstrer qu'en dignité ses esgaux il surmonte,
Il est toujours soy-mesme, et, plus il monte en hault,
  Plus aux yeux d'un chacun il fait voir son deffaut,
  Plus il va descouvrant sa grossiere ignorance.

Heureux le magistrat qui rencontre celuy
   Qui le veut exercer, si plein de suffisance
   Qu'en luy faisant honneur il en reçoit de luy.

---

1. Se guide.
2. On peut supposer aussi que notre poète avait eu à souffrir de quelque haut prélat de son temps : il « *se vange* », l'expression est de lui, voyez le sonnet XLIII.

LXII

Prævidet et providet.

(Prévoyant, il se pourvoit.)

Un hérisson, qui s'est placé sous un pommier, reçoit sur ses piquants les pommes qui tombent de cet arbre.

    Le prudent se peut maintenir
    Contre l'indigence à venir.

Pourvoir à l'advenir, c'est vrayment estre sage,
   De peur que la disette, en l'arriere saison
   Que le corps est tremblant, que le chef est grison,
   Ne trouble de discord nostre petit mesnage.
Le poignant herisson, sous un pommier sauvage,
   Se va ainsi chargeant de pommes à foison,
   Et, pourvoyant à temps sa petite maison,
   Passe en paix et repos le reste de son aage.

L'esté de nostre vie, ainsi que le printemps
    Et son automne aussy, ne dure pas longtemps,
    Mais l'hyver de nos jours est de longue durée,
Et malheureux celuy qui pour avoir esté
    Paresseux au printemps, en automne, en esté,
    En l'hyver de ses jours n'a sa vie asseurée [1].

---

1. Cette rime est une preuve qu'on écrivait *asseurée*, mais qu'on prononçait *assurée*.

LXIII

Inversa extinguor.

(Renversé, je m'éteins.)

Sur une table, un chandelier couvert
d'un éteignoir, et qui fume.

Dedans le chandelier percé
S'esteint le flambeau renversé.

Versés et reversés ceste ardante chandelle
    La teste contre bas, vous verrés à l'instant
    Qu'elle s'estouffera en son suif degoustant.
    L'aliment nourricier de sa vive estincelle,
L'ame, le vif flambeau en la masse charnelle,
    De ce corps terrien va de mesme abbattant

Et perdant la lueur de son feu bleuettant,
   Quand par trop on l'addonne à la terre mortelle.
Le naturel du feu, c'est de gaigner le hault,
   Et l'esprit, de nature actif, prompt, vif et chaud,
   Ne peut ailleurs qu'au ciel sa carriere resteindre.
Le vouloir donc forcer, contre son naturel,
   De n'avoir autre objet que ce faix corporel,
   N'est ce pas proprement le forcer et l'esteindre?

LXIV

Patientia læsa.

(Patience à bout.)

Deux branches de laurier entre-croisées
et d'où s'échappent des étincelles.

La patience passe en rage,
Lorsque trop souvent on l'outrage.

Bastons, petits bastons de l'arbre le plus beau,
   Le plus fameux aussy qui soit en la nature [1],
   Chocqués-vous, heurtés-vous, de vostre entre batture
   Sort un feu suffisant d'allumer un flambeau.
Cailloux, petits cailloux, le pavement de l'eau,
   Donnés vos coups sur coups, sans nombre et sans mesure,

Trouvant un feu caché dedans vostre froideure
Vous en ferés sortir un rayon tout nouveau.
Le bœuf de sa nature est doux et sociable,
Mais, est-il irrité, il n'est plus maniable,
Il ronfle et n'entend point la voix du laboureur.
L'homme froid et rassis est hors de congnoissance
Estant mis en cholere, et, quand la patience
Est trop souvent blessée, elle passe en fureur.

1. Le laurier.

LXV

Rara quæ pulchra.

(Ce qui est beau est rare.)

Un phénix sur un bûcher ; le soleil brille au ciel.

Tout ce qui dessous le flambeau
Du soleil paroît rare est beau.

Entre tous les oyseaux, peuple en l'air bricollant,
Celuy qui son bucher de soymesme s'allume
Et dedans la canelle au soleil se consume,
És forests d'Arabie, est le plus excellent.

Si tost comme à leurs yeux il se va relevant,
  Ore qu'il soit plus viel que la vielle de Cume,
  Il se maintient si beau en l'esmail de sa plume
  Qu'il attire aprés soy tout le peuple volant.
La beauté est un rays de l'essence divine,
  Elle tire et attire, asservit et domine,
  Et rend traictable et doux le cœur plus endurcy.
Mais, comme le phœnix unicque et seul au monde
  Qui tire de sa mort une vie [1] seconde,
  En ses perfections elle est bien rare aussy.

---

1. Deux syllabes, e muet à prononcer.

LXVI

Alternat fortuna vices.

(La fortune est changeante.)

Un puits avec sa corde et ses deux seaux ; deux femmes y vont puiser de l'eau ; l'une sort d'une chaumière, l'autre d'un palais.

> Tel aujourd'huy va le premier
> Qui demain sera le dernier.

Toy qui poste, pompeux, sur le roulant glacis
  Des caducques grandeurs de cest instable monde,
  Et, de mesme façon, sur leurs glace te fonde,
  Comme si tu estois sur un rocher assis,
Si tu as tant soit peu le jugement r'assis,
  Jette l'œil sur ce puit à la bouche profonde.
  Tu verras là deux sceaux tornés en forme ronde
  Qui pendent attachés à des barreaux massifs.
Ils sont tousjours en branle, et, par mesme intervalle
  Que l'un devers le bas habilement devale,
  L'autre devers le hault plus vistement revient.
Ainsi vont et revont les vanités du monde,
  Et tel est qui ce jour en tout bonheur abonde
  Qui demain sans honneur vil esclave devient.

LXVII

Dat tollitque simul.

(Il donne et enlève en même temps.)

Un sablier ailé.

Le temps, ainsi comme il ordonne,
Incessamment nous oste et donne.

Le temps est un gourmand beaucoup plus inhumain
   Que ne fut de Jason la parricide amante :
   Il mange ses enfants, et, les mettant en vente,
   Ce qu'il fait aujourd'huy il le deffait demain.
Ore il oüvre pour nous, ore il ferme la main.
   Tantost il nous desplait, tantost il nous contente,
   Il bastit, il destruit, et sa face changeante
   Ne dure en un estat du jour au lendemain.
Vois-tu là ce sablier [1] qui coule dans le vuide
   De ce verre creusé sa poussiere liquide,
   Ce n'est rien de son flux que remplir et vuider.
De mesme en est le temps : il nous oste, il nous donne,
   Et, genet furieux qui ne se peut brider,
   Du monde, en general, comme il veut il ordonne.

---

1. Deux syllabes.

LXVIII

Occidit ad solem.

(Elle meurt au soleil.)

Une taupe morte; au ciel, un soleil à face humaine;
à droite, un écureuil sur un tronc d'arbre dont les
racines sont à découvert; au fond un château fort sur
une hauteur.

> Le mensonge vit à couvert
> Et meurt quand il est descouvert.

Voulés-vous que la taulpe, à pousser coustumiere,
  Trespasse incontinent, retenés-la au jour,
  Et, la tirant de terre, empeschés son retour
  És cabinets voutés de sa fosse terriere.
Le secret, fils aymé de la nuit casaniere,
  Fait sous la terre obscure ordinaire sejour,
  Et bravant en sa nuit, comme un prince en sa cour,
  Opere dessous terre et meurt en la lumiere.
Le sage et coy silence est pere du secret.
  Qui transmit une fois au babil indiscret
  De quelque jeusne sot perd son nom et sa force.
Le secret mal gardé les beaux projets deffait,
  Et la mine où le feu vise jà sur l'amorce,
  Venant à s'esventer, demeure sans effect.

LXIX

Cuncta videns oculus, nescius ipse sui est.

(L'œil voit tout, excepté lui-même.)

Un grand œil (le soleil) ouvert sur des moissonneurs.

L'homme est en un estrange point,
Il voit tout et ne se voit point.

L'œil voit et cognoit tout, et, s'il ne se peut voir,
 L'homme en est tout de mesme, il juge, il contrerolle [1]
 De Dieu son createur les faits et la parole,
 Et luy-mesme envers luy ignore son devoir.
Veux-tu, pauvre mortel, te cognoistre et sçavoir
 Quelle est ta suffisance, estudie en l'eschole
 Du grand dominateur de l'un et l'autre pole,
 Qui d'un chacun de nous tient en main le miroir.
Là tu recognoistras quelle est la difference
 De son sçavoir sublime et de ton ignorance,
 De ta grande impuissance et de son grand pouvoir.
Puis, retournant les yeux de cest object supreme
 Sur le milieu de toy, au milieu de toy mesme,
 Tu trouveras de quoy te tenir en devoir.

---

1. La contraction ne s'est faite qu'au XVIIᵉ siècle.

LXX

Armis et legibus.

(Par les armes et les lois.)

Un sceptre et une lance posés en sautoir.

Les armes conjointes aux loix
Causent tout le bonheur des Roys.

Non ce n'est pas assez que le prince soit fort,
    Que vaillant et hardy il combatte en la lice,
    Que de ses ennemys l'audace il affoiblisse
    Et, sans fremir de peur, repousse leurs effort.
Encore outre cela faut-il qu'il soit accort,
    Que, le sceptre en la main, ses sujets il regisse,
    C'est à dire par loix, par droicture et justice,
    Et discerne, prudent, le droict d'avec le tort.
La force sans justice en temerité passe,
    La justice sans force est de peu d'efficace,
    Demeurant ses arrests sans execution.
Mais d'accoupler ensemble et le sceptre et la lance,
    Et joindre la justice avecque la vaillance,
    C'est bien le plus hault point de la perfection.

LXXI

Ratio et experientia.

(La raison et l'expérience.)

· Deux jambes.

L'experience et la raison
Font toutes choses à saison.

Pour estre reputé entierement parfait,
   Il ne faut pas avoir seulement la science,
   Ains [1] encore au sçavoir joindre l'experience.
   Autrement, l'un sans l'autre est tousjours imparfait.
Le sçavoir et l'usage en l'ame ont mesme effect
   Que les jambes au corps : quand l'une est en souffrance,
   L'autre, en ayant perdu et l'ayde et l'assistance,
   Cloche et rend le corps mancque et le pas contrefait.
A tout evenement mieux vaut à l'homme sage
   De mainte chose avoir sans science l'usage
   Que sans usage aucun mainte chose sçavoir.
Le sçavoir sans l'usage au soldat est semblable
   Qui fait du Rodomont, et, vaillant à la table,
   N'ose son ennemy sur le pré recevoir.

1. Mais.

LXXII

Collimat et errat.

(Il vise et manque.)

Un archer qui tire de l'arc.

L'archer tire, et, battant du flanc,
Il fault [1] souventes fois le blanc.

A ce but esloigné d'une moyenne espace
   Vise journellement le studieux archer,
   Et rarement y peut arriver et toucher,
   Tant le blanc est petit et distante la place.
Tous ceux qui vont au bal sur le mont de Parnasse
   N'aprennent tousjours bien à dancer et marcher :
   Ou le naturel mancque, ou l'aspect du rocher
   Un peu trop escarpé leurs courage leurs glace.
De cent et cent encor qui tornés sur le flanc
   Et gaignant l'œil sur l'arc tirent contre le blanc,
   Peut-estre un seul ne donne à la place meilleure.
On ne chevit [2] tousjours de ses prætensions,
   Et tel peine long temps à des inventions
   Qu'un autre sans travail expedie en une heure.

---

1. Manque, du latin *fallere*.
2. Vient à bout.

LXXIII

Hic cupit, ille fugit.

(Celui-ci convoite, celui-là abandonne.)

Un ruisseau, au milieu duquel se trouve une nasse qui retient un gros poisson et où d'autres poissons voudraient entrer.

De plus en plus le monde empire,
L'un fait ce que l'autre desire.

Ces poissons que tu vois visiter par monceaux
  Leurs compagnons enclos en ceste large tonne
  Trouvent de ces captifs la condition bonne
  Et voudroient bien se rendre en leurs mesmes vaisseaux.
Les autres, regrettant la liberté des eaux,
  Voudroient estre en franchise, et, sans craindre personne,
  Eslargis du tonneau qui leurs corps emprisonne,
  Comme les autres font, nager par les ruisseaux.
Il en va tout de mesme au fait du mariage :
  Tel n'est encor entré en ce plaisant servage
  Qui voudroit voluntier y vivre et demeurer,
Au contraire de ceux qui, lassés du mesnage,
  Ayant peinés long temps en ce doux esclavage,
  N'ont autre affection que de s'en retirer.

LXXIV

Semper redit unde recedit.

(Elle revient toujours à son point de départ.)

Une roue de moulin.

L'homme icy-bas sejourne
Et toujours en terre il retorne,

La roue[1] du moulin tournoye incessamment,
　Soit qu'elle roule à vuide ou le grain escartelle,
　Mais elle est sur le soir en mesme place et telle
　Qu'elle estoit le matin à son commencement.
Tousjours en action, tousjours en mouvement,
　Ambitieux mondain, or sur or amoncelle,
　Brigue les grands estats, emplis ton escarcelle
　Et mets en tes thresorts ton seul contentement.
En fin tu cognoistras, pauvre ame vagabonde,
　Qu'en cest estat premier que tu nacquis au monde
　Sur la fin de tes jours tu te retrouveras.
Tu viens au monde nud, et, quoy que tu te peines
　A courir, à vener[2] les richesses mondaines,
　Du monde, pauvre et nud, mourant tu sortiras.

---

1. Ce mot représente deux syllabes, c'est-à-dire que l'e muet doit être prononcé.
2. Chasser.

LXXV

Sedat prudentia motus.

(La prudence apaise la sédition.)

Au milieu d'une mer agitée, un rocher sur lequel un alcyon repose dans son nid. Au second plan, un vaisseau et une barque battus par la tempête ; le soleil perce les nuages.

La sedition et la noise
Par la prudence se racoise [1].

Princes qui præsidés à la race mortelle,
 Considerants combien de gauches accidents
 Sappent journellement, et dehors et dedans,
 Vos estats suspendus d'une simple cordelle,
Mettés en vos conseils des hommes de cervelle,
 Qui, prævoyans de loing les signes evidents,
 Des malheurs à venir les destournent prudents,
 Donnans au mal nouveau medecine nouvelle.
Vos estats sont des mers, et les peuples mouvants
 Que vous tenés sujets sont les esprits des vents
 Qui courroucent les flots et souffrent les orages.

Mais les vrays alcyons qui, nichans parmy vous,
  Peuvent rassoir vos flots et calmer les courroux
  Des vents de ceste mer, ce sont les hommes sages.

---

1. S'apaise.

LXXVI

Si male, vermis in est.

(Les vers s'y mettaient lorsqu'elle était gardée contrairement
à la loi.)

Une corbeille pleine de manne où sont des vers.

Usés mal à propos du [bien],
Il vous perd et ne ser[t de rien].

Gardant pour autre jour qui fut en [la sepmaine]
  Que celuy du Sabath le desirable p[ain],
  La manne, œuvre du ciel, le peuple [au lendemain]
  Trouvoit de vers goulus toute [la neige plenne]¹.
Ta sepmaine, pauvre homme, est [comme cette plaine],
  Où le bien que tu fais pour plaire [à ton prochain],
  Non pour servir à Dieu, se cons[omme en chemin]
  Et reçoit icy bas sa recompense [vaine].

Mais l'œuvre que tu fais garde [le saint retour]
  Du repos celebré au cœleste s[ejour].
  Là tu la trouveras incorruptible [et blanche].
Que te doit-il chaloir ² [d'avoir tant amassé]?
  Celuy n'est-il pas bien [prevoyant et sensé]
  Qui du Seigneur son Dieu [observe le dimanche] ³ ?

---

1. Conformément aux ordres donnés par Dieu à Moïse, les
Hébreux, dans le désert, ne devaient recueillir que la quantité
de manne nécessaire à la journée. Lorsqu'ils en recueillaient
davantage, les vers s'y mettaient le lendemain. La veille du
sabbat, la récolte devait être double; et les vers ne s'y mettaient
point. (*Exode,* chap. xvi.)

2. Importer.

3. Le texte de ce sonnet est lacéré; je l'ai reconstitué de mon
mieux en m'inspirant des idées et des procédés ordinaires de
l'auteur. Les mots reconstitués sont placés entre crochets.

LXXVII

Quod necat, idem animat.

(Ce qui tue donne aussi la vie.)

Deux squelettes : l'un, debout, tient de sa main droite une faux et trois flèches, et de sa main gauche un sablier; l'autre est étendu à terre. A droite, un mur brisé sur lequel fleurit une plante.

> La mort qui nous souffle et consume
> Après le trespas nous rallume.

Allons gays à la mort, puisque s'est la coutume
   Aux hommes de mourir et que la mesme mort
   Qui de ce monde-icy vieux ou jeusnes nous sort
   Nous fait vivre autre part, francs de toute amertume.
Ainsi le mesme vent qui la chandelle allume
   Pareillement l'esteint d'un souffle un peu trop fort.
   L'homme aussy pour un temps dessous la tombe dort,
   Et de luy seulement le mortel se consume.
La mort n'a rien en soy d'horrible que le nom,
   Et, bien qu'elle ne fit autre chose sinon
   De nous tirer des maux, encor est-elle aymable.
Aymons-la, suyvons-la, presentons-luy le sein.
   Hé! faut-il redouter celle qui dans sa main
   De nostre heureux repos tient la clef desirable.

LXXVIII

Pietate et justitia.

(Par la piété et la justice.)

Une couronne que soutiennent deux colonnes.
Au second plan, une ville maritime.

La justice et la pieté
Tiennent l'estat en seureté.

Sectaires malheureux du Tuscan secretaire [1],
   Qui, l'esprit corrompu en sa contagion,
   Dictes que la justice et la relligion
   Ne sont qu'en apparence au prince necessaire.
La justice exerceant sa charge salutaire,
   La pieté visant à la devotion,
   Sont les deux pilotis en chacque region
   Qui soustiennent l'estat du prince debonnaire.
Renversés ses pilliers, l'empire tombera,
   Et le monarcque impie à sa perte sçaura
   Qu'il releve vassal d'un seul Dieu sa couronne,
Lequel, pour felonnie envers sa majesté,
   Retire à soy le fief, le chasse hors de son throne,
   Et remet en son lieu justice et pieté.

---

1. Machiavel.

LXXIX

Spe lactat inani.

(Elle nous flatte d'un vain espoir.)

Une belle dame en riche costume du temps et qui tient à la main un calice. Au second plan, un château fort, au bord de la mer, sur un rocher inaccessible.

L'ambition sans asseurance
Nous repaist de folle esperance.

Ceste dame si brave en ses accoustrements,
  Où pendent sur les bords mainte argentine troupe,
  Qui son pas mesuré si bravement decoupe
  Et porte en ses cheveux les reths de ses amants ;
Ceste dame exhalant tant de doux sentiments,
  Qui tient dedans sa main une fort riche coupe
  Qu'elle va presentant à ceste jeune troupe
  Qui suit de ses attraits les mols ravissements ;
Ceste dame, en beauté si parfaictement belle,
  Se nomme ambition, la geine plus mortelle
  Qui tourmente icy bas les plus rares esprits.
Sa grace nous endort, sa tasse nous enyvre,
  Et le meilleur guerdon[1] *qu'on reçoit de la suyvre,*
  C'est un espoir trompeur qui nous paist du mespris.

---

1. Récompense

LXXX

Victoria pendet ab alto.

(La victoire dépend de Dieu.)

Deux armées qui en viennent aux mains; une épée, à l'extrémité de laquelle est une couronne, pend du ciel, la pointe en bas.

La main ne fait tout ce qu'il fault,
La victoire depend d'en hault.

Grands Negus, grands Sophits, grands empereurs, grands roys,
  Grands Cams et grands Soltans, aux premieres alarmes
  Armés un million de valheureux gens d'armes,
  Qui de leurs propre sang establissent vos loix.
Si ne ferés vous pas de trop braves exploits,
  Si les cieux courroucés resistent à vos armes.
  Dieu præside aux combats, il commande aux vacarmes,
  Oste ou donne la peur au seul air de sa voix;
Non au gros des chevaux, non au scadron robuste
  Des fantassins crestés, mais en la cause juste,
  Consiste des combats et la force et l'honneur.
Les Roys, par convoitise ou par haine ou par gloire,
  Se font la guerre entre eux, mais Dieu, leurs gouverneur,
  Envoye à qui luy plaist le prix de la victoire.

LXXXI

Super et Garamantas et Indos.

(Au-dessus des Garamantes et des Indiens.)

Une renommée ailée qui vole dans les airs en soufflant
dans deux trompettes.

La foy n'est point sans charité,
Ny Vergy sans fidelité.

Qu'est-ce que je voy là si haultement voler?
  C'est des faits valheureux la belle renommée.
  Son aisle nous apprend sa vistesse emplumée,
  Que nulle agilité ne sçauroit esgaler.
Ces deux trompes qu'on voit de sa bouche caler,
  L'une tendant en hault, l'autre en bas deprimée,
  Qu'est-ce autre que le bruit de sa voix animée
  Qui dez ce bas sejour passe au delà de l'air?
Mais que dict-elle au ciel, qu'annonce-elle en terre?
  Que les preux de Vergy sont des foudres de guerre,
  Sages, riches, puissants, mais fort hommes de bien.
O renom glorieux en ce siecle où nous sousmes,
  Qui part d'une vertu si rare entre les hommes
  Qu'honneurs, moyens, grandeurs, sans elle ne sont rien!

LXXXII

Potens dominatur ubique.

(Le plus fort est partout le maître.)

Un oiseau de proie qui s'abat sur un autre oiseau plus petit. Au second plan, un rocher qui domine la mer, et un château fort qui surplombe deux maisons.

> En quelque part que tu puisse estre,
> Tousjours le plus fort est le maistre.

Dans les cachots tortus des profondes rivières,
  Parmy les bleuds manoirs de la froide Thetys,
  Tousjours les gros poissons font la guerre aux petits,
  Les journaliers butins de leurs gueules meurtrieres [1].
Les sacres, les faucons aux jambes heronnieres,
  De la chair des moyneaux paissent leurs appetits,
  Fondants d'un roide vol sur les poussins craintifs,
  Et lavent en leurs sang leurs griffes carnacieres:
Et les grands parmy nous, soit à tort ou à droict,
  Gourmandent les petits, estants en leurs endroict
  Ce que sont aux brebys les loups espouvantables.
Bref, en tout ce qui peut parler, nager, voler,
  Sur la terre, sur mer, dans le vuide de l'air,
  Les grands sont aux petits tousjours insupportables.

---

1. Ce mot représente deux syllabes.

LXXXIII

Naufragus it nisi remus agat.

(Sans la rame, le navire fait naufrage.)

Deux navires sur une mer agitée.

Prens la raison pour ton naucher,
Tu passeras ban et rocher.

Vois-tu bien ce batteau qui, foible et chancelant,
  Vocgue tousjours en peur, flotte tousjours en doute?
  Si la rame en passant ne gouvernoit sa route,
  Il feroit en peu d'heure un naufrage dolent.
L'homme erre et court ainsi sur le flot turbulent
  Du monde aveugle et sourd qui n'oit et ne voit goutte,
  Où la chair et Sathan sont tousjours à l'escoute
  Pour le prendre en surprise et le perdre en allant;
Et n'estoit la raison qui, pilote fidelle,
  Gouverne en ce destroit sagement la nacelle,
  Il couleroit en bris du jour au lendemain.
Mais que Sathan, le monde et la chair mesme gronde,
  Pourveu que la raison prenne la rame en main,
  Il rira de Sathan, de la chair et du monde.

LXXXIV

Cette gravure et ce sonnet ont été complètement déchirés. Voici la description de la gravure, par M. Auguste Castan, d'après l'exemplaire de Besançon :

« Dans une chapelle, Clériadus de Vergy, en costume de guerrier antique, et sa femme, sont à genoux, de chaque côté d'un autel dont le tombeau porte un écusson parti de leurs armoiries réciproques, avec la couronne et le mouton de la Toison d'or. Sur la table de l'autel sont trois figures allégoriques : l'Hyménée, tenant un flambeau ; l'Amour conjugal, symbolisé par une femme qui tient un cœur enflammé ; l'Amour sensuel, c'est-à-dire un cupidon ailé qui a un carquois aux reins et un arc dans la main gauche. »

LXXXV

Species sic decipit oris.

(C'est ainsi que l'air du visage nous trompe [1].)

Une pomme avec sa tige et ses feuilles.

La beauté n'est pas tousjours belle,
La vertu seule est perennelle.

Toy qui ne vas cerchant, pour le comble absolut
  De ton contentement au lyen d'hymenée,
  Que la seule beauté qui rend l'ame geisnée
  Et de ton propre bien te fait estre goulut,
Ah! qu'au dedans le fruit est souvent vermoulut,
  Par qui cent fois le jour tu maudis la journée
  Qui, pour le vain plaisir d'une ardeur effrenée,
  Te fit à le choisir si prompt et resolut.
Que pense-tu que soit le beau qui te consomme,
  Te martelle et te cuit, qu'une vermeille pomme,
  Qui, douce, bien flairante et vermeille en dehors,
N'est, helas! en dedans que vers et pourriture?
  De la femme de bien la bonne nourriture
  Rend heureux le mary, non la beauté du corps.

---

1. Autre sens : le goût a ses aberrations.

LXXXVI

Ce feuillet a été complètement déchiré.

LXXXVII

Prosperitas parit invidiam.

(La prospérité engendre l'envie.)

Un ours qui s'irrite d'un glaive qu'une main qui
sort d'un nuage lui montre ; a côté, un lapin paisible.

L'envie est fidelle compagne
Du bon heur qui nous accompagne.

Voulés-vous courroucer ceste beste sauvage,
  Cest ours, lourd animal de nature pesant,
  Monstrés-luy seulement un glaive reluysant :
  La fureur à l'instant saisira son courage.
Envieux à l'œil bigle [1], au paslissant visage,
  Soudain que la lueur du sort favorisant
  Reluit à nos desseins, ton esprit mesdisant
  Desgorge dessus nous incontinent sa rage.

La misere te plait, et n'as plaisir aucun
   Qu'alors que le malheur, fondant dessus quelqu'un,
   Les roses de son bien d'amertume empoisonne.
Mais pour le comble entier de ton fatal malheur,
   Puisse-tu d'un chacun envier le bon heur,
   Sans estre toutesfois envié de personne.

---

1. Louche.

LXXXVIII

Æquat capiti scandendo.

(L'eau monte aussi haut que sa source.)

Une fontaine monumentale.

La fontenne monte sa course
Aussi hault qu'elle prend sa source.

Voluptueux mondains, disciples d'Epicure,
   Qui, naisillant [1] au lac des ordes voluptés,
   Les vrays contentements de l'ame rejettés
   Pour les sales plaisirs que le corps vous procure,
Et qu'ainsi que vostre ame accroupit en l'ordure
   Des bourbiers de la chair, et que vous l'arrestés,
   Au lieu de contempler les cœlestes beautés,
   Vous regardés le monde en sa laide figure,

Les ruisseaux fontaniers, aprés avoir long temps
 Arrosés les prez verds de leurs bras serpentans,
 Peuvent bien remonter aussi hault que leurs source ;
Et n'aurés-vous vergongne, Epicures infects,
 Que vos ames, de Dieu les ouvrages parfaits,
 Ne puissent jusqu'à luy de nouveau faire course ?

---

1. Barbotant.

LXXXIX

Supereminet omnes.

(Elle domine tout.)

Un roseau au sommet duquel se trouve une couronne de prince du sang, et qui domine d'autres ro-
seaux moins élevés et battus par les eaux.

Force aucune ne s'esgale
A la puissance royale.

Les Roys par dessus nous prennent cest avantage
 Qu'ils sont exempts des loix et d'un pouvoir haultain ;
 Ils eslevent sur nous leurs vouloir souverain,
 D'une divinité ayans empreints l'image.
De se jouer à eux ce n'est point estre sage.
 Un comte de Saint Pol, d'Edouard un germain,

Nous tesmoignent assez qu'il faut craindre leurs main,
　Eviter leurs courroux comme un flambant orage.
A la Greve, en Paris, l'un fut decapité,
　L'autre en la malvoysie à la mort fut porté,
　Tous deux se præsumants par trop de leurs personne.
Les Roys pour telz qu'ils sont il nous faut reverer,
　Comme plus hault que nous il en faut endurer,
　Puis qu'ilz tiennent de Dieu leurs sceptre et leurs couronne.

APPENDICE

DOULEUR FRATERNELLE [1]

A ROBERT C.

Toujours je songe à toi, pauvre frère qui dors
Si pâle dans la paix ténébreuse des morts!

Ainsi, ce soir, j'étais rempli de ta pensée.
Pour dilater à l'air ma poitrine oppressée
J'avais gagné la rue, où, marchant et rêvant,
J'aspirais à longs traits les aromes du vent,
Presque gai, presque heureux, devant les cieux immenses!
Mais, voici, doux ami, qu'une de ces romances,
Un de ces sombres airs que ton cœur attristé
Aimait à soupirer aux beaux soirs de l'été,
A retenti soudain au fond de ma mémoire,
Comme un louis perdu qui tombe d'une armoire.

---

1. Le lecteur voudra bien m'excuser de donner ici ces quelques vers, qui m'ont été inspirés par la mort d'un de mes frères,

Doux et *brun* compagnon de toute mon enfance,

né, comme moi, à l'île Maurice, d'un sang doublement lor-
rain ; élève, comme moi, à l'École de Sorèze, de 1859 à 1866 ;
décédé, avocat du barreau de Paris, dans cette ville, le 28 août
1870.

Tu sais, cette romance au ton mystérieux
Qu'un soir tu composas, l'œil fixe et sérieux,
A laquelle tu mis une basse maussade,
Et que je me plaisais à nommer ta ballade,
Le noir et dur chagrin que m'a laissé ta mort
En moi s'est réveillé, poignant comme un remord,
A cet écho lointain de ta belle jeunesse,
De ce temps où l'amour t'inondait de tristesse;
Et, les larmes aux yeux, meurtri, je suis rentré,
Comme si sur mes pas je t'avais rencontré,
Vêtu de ce drap blanc, long et triste suaire,
Que pour t'ensevelir nous donna notre mère.

T. C.

Paris, 25 oct. 1870, 10 h. du soir.

ALLÉGORIE

A MA FILLE JEANNE C.

La vieille tour frissonne au vent frais du matin,
Quand un soleil joyeux perce la brume et l'ombre ;
Le jour, elle sourit au doux bruit argentin
Que font des grands troupeaux les clochettes sans nombre ;

Et lorsque le jour meurt, lorsque le dernier chant
De l'oiseau qui s'endort s'est éteint dans la plaine,
Elle semble prier dans la paix du couchant,
En respirant du soir la tiède et douce haleine.

C'est ainsi que la joie inonde ma pensée
Lorsque la douce enfant que le Ciel m'a laissée [1]
Entoure de ses bras mon corps endolori.

Je suis le vieux donjon féodal en ruine,
J'écoute cet oiseau chanter dans la ravine,
J'aspire les parfums de cet arbre fleuri..

                                        T. C.

Paris, 27 nov. 1892.

---

1. Allusion à la mort de ma fille aînée, Pauline, morte à Paris, à l'âge de seize ans, le 10 avril 1888.

ERRATA

Page 6, ligne 4, au lieu de *l'exemplaire,* lisez *cet exem plaire.*

Page 144, ligne 6, au lieu de *in est,* lisez *inest.*

TABLE ALPHABÉTIQUE
DES NOMS CITÉS

Les noms des localités sont en italique.

ALBERT, archiduc d'Autriche, 10, 18, 19, 21, 25, 113.

Arc, 8.

AUBIGNÉ (Agrippa d'), 86.

Autrey, 23.

Auxonne, 9.

Barsalin, 81.

BAUFFREMONT (DE), *passim*.

BEAUCHASTEAU, 15.

Beauchemin, 83.

BELLEROSE, 15.

Belvoir, 23, 83.

Berghe, 83.

BERNARD DE LIPPE, 15.

BERTAUT (Jean), poète, 103.

Besançon, 9, 12-17, 22.

BEY DE BATILLY (LE), 127.

BOISSARD (J.-B.), antiquaire et poète bisontin, 127.

BOURRELIER DE MALPAS, 40, 41.

BRICHANTEAU (DE), 9.

BRIFAUT, 8.

BRUN (Ant.), auteur franc-comtois, 30, 34, 113.

BUQUOY (DE), 12.

CARDEUR, peintre, 13.

CASTAN (Aug.), conservateur de la Bibliothèque de Besançon, correspondant de l'Institut, 3, 4, 5, 43, 153.

CAYNE, 41.

CHALON (DE), 46.

Chalon-sur-Saône, 9.

Champlitte, 3, 8, 9, 17, 23, 38, 46, 83.

Champvent, 81.

CHASSIGNET (J.-B.), poète franc-comtois, *passim*.

CHESNE (André DU), historiographe du roi, 11, 30 et seq., 46, 81.

CHIFFLET (J.-J.), historien bisontin, 12, 19, 31.

CHOUET ou CHOVET, 19

CLERMONT D'AMBOISE (DE), 8, 106.
CLÉRON (DE), 106.
COLOMBEL, 16.
CRAMOISY, 32.
CRESTIN, 83.
CUSANCE (DE), 8, 23, 83,

DAVID, 14.
Dôle, 25, 34.
DUNOD DE CHARNAGE, 11.

Filain, 18.
Flagey, 23.
FONTAINE (LA), poète, 60, 122.

Gâtey, 83, 106.
Germigny, 40.
GIROD-NOVILLARS, 18.
GOUGENOT (Nicolas), poète dijonnais, 12 et seq.
GRAPPIN, 18.
Gray, 12, 17, 19.
GUIGNARD, conservateur de la Bibliothèque de Dijon, 14, 16.
Gy, 17.

HOZIER (D'), 16.
HUET (Antoine), 17.
HUGO (Victor), 53, 61, 99, 106, 116, 161.

ISABELLE - CLAIRE - EUGÉNIE, infante d'Espagne et souveraine de la Franche-Comté, 7, 9, 18, 19, 21, 36.

JOLIET, 16.
JOURDY, bibliothécaire de la ville de Gray, 18

Leffond, 8.
Lippe, 15.
LOISY (DE), passim.
LOYSI (DE), passim.
LURION (Roger DE), 41.

Malpas, 40.
Mantoche, 8.
MARMIER (DE), 106.
Marnay, 17.
Maurice (Ile de France, aujourd'hui île), 122, 161.
MOINGESSE (DE), 18, 19.
MONTMARTIN (DE), 23.
Morey, 8.
MORILLON, 19.
Motte (La), 81.

NEUFCHATEL (DE), 46.
NOSEROY (DE), 83.

PALLIOT (Pierre), historiographe du roi, 38.
PERNELLE, 38.
Pesmes, 17.
PHILIPPE II, roi d'Espagne, 7, 8, 19, 21, 22, 47.
PHILIPPE III, roi d'Espagne, 8, 10, 12, 19.
Pin (Le), 81.
PONTAILLER (DE), 23, 106.
PROST (Bernard), ancien archiviste du Jura, 34.

RAMIRE Ier, 75, 76.
RAY (DE), 8, 23, 81, 83.
RAYSSIGUIER (DE), poète, 13.
Reynel, 106.
Rochelle (La), 8.

RONSARD, 120, 124.
ROTROU (Jean), poète, 13, 15.

SAINTE-GERMAINE (DE), 31, 32.
Saint-Julien, 23, 83.
SAINT-MAURIS (DE), 25.
SAINT-PIERRE (Bernardin DE),
    122.
Senecey, 8.
SOMMAVILLE (DE), 15.
SORÈZE (Ecole de), 161.
SPINOLA, 36.
SUCHAUX, 17, 24.

SURGÈRES (DE), 120.

Talmay, 23, 106,
Theuley, 38.
TOULONGEON (DE), 8.
TURLUPIN, 15.

VALDAN (DE), 6.
Vaudrey, 8, 23.
VERGY (DE), passim.
VIENNE (DE), 46.

WEISS, 5, 6, 19.
WITTEM (DE), 83.

TABLE

—

		Pages
Introduction.		3
Preuves et Notes.		21
Portrait de Clériadus de Vergy.		43

I.	*Sans varier Vergy.*	45
II.	*Detegit insidias.*	47
III.	*Usque ad bruta venit.*	49
IV.	*Exemplis bruta moventur.*	51
V.	*Non est scrutabile fatum.*	52
VI.	*Pacata rebellio turbat.*	54
VII.	*Regnum concordia firmat.*	55
VIII.	*Vita hominis punctum.*	56
IX.	*Indomitum doctrina domat*	57
X.	*Concordes ita nectit amor.*	59
XI.	*Hic terminus esto.*	60
XII.	*Maris evehit ira quisquilias.*	62
XIII.	*Decipimur specie recti.*	63
XIV.	*Tela refert nostras quam texit aranea leges.*	64
XV.	*Omne solum forti patria est.*	66
XVI.	*Invita micat invidia.*	67
XVII.	*Nil nisi sponte facit.*	69
XVIII.	*Nil turpius ore vorari.*	70

Pages.

XIX. *Aspice quo pergas*. 71

XX. *Peccati sic pœna venit*. 72

XXI. *Redolet flagrantius icta*. 73

XXII. *De principe risus lethalis* 75

XXIII. *Inconcussa quatit*. 76

XXIV. *Tendit, non rumpit*. 77

XXV. *Terris petit alta relictis*. 79

XXVI. *Viret invariabilis illa*. 80

XXVII. *Fructifica*. 82

XXVIII. *Ingratis servire nefas*. 84

XXIX. *A cane non magno sæpe tenetur aper* 85

XXX. *Festina lente*. 87

XXXI. *Assentator*. 88

XXXII. *Dant ardua laudem*. 89

XXXIII. *Virginitas fera quæque domat*. 90

XXXIV. *Allicit ut perdat*. 91

XXXV. *Te reprimente fugit, te fugiente premit*. 92

XXXVI. *Hostia grata Deo*. 94

XXXVII. *Parent his cuncta duobus*. 95

XXXVIII. *Nequit prævisus obesse* 96

XXXIX. *Habet fortuna regressum* 97

XL. *Si jacet aura, tacet*. 98

XLI. *Invento stercore cantat*. 99

XLII. *Post mortem tantum bonus est*. 100

XLIII. *Scribunt in marmore læsi*. 102

XLIV. *Cura sui*. 103

XLV. *Hanc spero* 105

XLVI. *In pullum si rumpitur, exit*. 107

XLVII. *Fumant quando acrius ardent* 108

XLVIII. *Ingluvies facit ore culum* 109

XLIX. *Hospes alipes opes*. 110

TABLE 171

Pages.

L. *Attrahit ut magnes*.................... 111
LI. *Ante monet* 112
LII. *Vincitur et vincit*.................. 114
LIII. *Nemo potest dominis servire duobus* 115
LIV. *Perculsa repercutit*................. 117
LV. *Concipio sterilis parioque*............. 119
LVI. *Moriendo prospicit ortum* 120
LVII. *Cantat male gnara futuri*............ 123
LVIII. *Nutant quæ firma videntur*........... 124
LIX. *Parcere subjectis*................. 125
LX. *Nunquam bene tuta tyrannis* 126
LXI. *Quo altior, eo fœdior*.............. 128
LXII. *Prævidet et providet*.............. 129
LXIII. *Inversa extinguor*............... 130
LXIV. *Patienta læsa*................. 131
LXV. *Rara quæ pulchra*............... 132
LXVI. *Alternat fortuna vices* 134
LXVII. *Dat tollitque simul* 135
LXVIII. *Occidit ad solem* 136
LXIX. *Cuncta videns oculus, nescius ipse sui est*..... 137
LXX. *Armis et legibus*................ 138
LXXI. *Ratio et experientia*.............. 139
LXXII. *Collimat et errat*............... 140
LXXIII. *Hic cupit, ille fugit* 141
LXXIV. *Semper redit unde recedit*.......... 142
LXXV. *Sedat prudentia motus*............ 143
LXXVI. *Si male, vermis inest*............. 144
LXXVII. *Quod necat, idem animat* 146
LXXVIII. *Pietate et justitia*............. 147
LXXIX. *Spe lactat inani*............... 148
LXXX. *Victoria pendet ab alto* 149

  Pages

LXXXI. *Super et Garamantas et Indos* 150

LXXXII. *Potens dominatur ubique.* 151

LXXXIII. *Naufragus it nisi remus agat* 152

LXXXIV. 153

LXXXV. *Species sic decipit oris.* 154

LXXXVI. 155

LXXXVII. *Prosperitas parit invidiam* 155

LXXXVIII. *Æquat capiti scandendo.* 156

LXXXIX. *Supereminet omnes* 157

APPENDICE

Douleur fraternelle. 161

Allégorie. 163

Table alphabétique des noms cités. 165

Imp. D. Jouaust.

OCCVPA PORTVM

IOV AVST

www.ingramcontent.com/pod-product-compliance
Lightning Source LLC
Chambersburg PA
CBHW060131100426
42744CB00007B/748